드림중국어 HSK 6급 실전 모의고사
(1-5회분 해석집 없음)

梦想中国语 HSK 6级实战模拟考试 1-5套 无解析版

드림중국어 HSK6급 실전 모의고사 (1-5회분 해석집 없음)

梦想中国语 HSK6级 实战模拟考试 1-5套 无解析版

초판 1쇄 발행 2020년 2월 2일

편저:	드림중국어
발행처:	드림중국어
주소:	인천 서구 청라루비로 93, 7층 703호
전화:	032-567-6880
이메일:	5676880@naver.com
등록번호:	654-93-00416
등록일자:	2016년 12월 25일
ISBN:	979-11-90074-43-8 (13720)
값:	30,000원

이책은 저작권법에 따라 보호받는 저작물이므로 무단복제나 사용은 금지합니다. 이 책의 내용을 이용하거나 인용하려면 반드시 저작권자 드림중국어의 서면 동의를 받아야 합니다.
잘못된 책은 교환해 드립니다.

<MP3 무료 다운!>

이 책에 관련된 모든 MP3는 드림중국어 카페(http://cafe.naver.com/dream2088)를 회원 가입 후에 <교재 MP3 무료 다운> 에서 무료로 다운 받으실 수 있습니다.

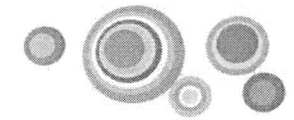

목 록

⟨HSK 6급 실전 모의고사 1⟩ 1

⟨HSK 6급 실전 모의고사 1⟩ 본문 24

⟨HSK 6급 실전 모의고사 1⟩ 답안 31

⟨HSK 6급 실전 모의고사 2⟩ 33

⟨HSK 6급 실전 모의고사 2⟩ 본문 56

⟨HSK 6급 실전 모의고사 2⟩ 답안 64

⟨HSK 6급 실전 모의고사 3⟩ 66

⟨HSK 6급 실전 모의고사 3⟩ 본문 89

⟨HSK 6급 실전 모의고사 3⟩ 답안 96

〈HSK 6급 실전 모의고사 4〉 98

〈HSK 6급 실전 모의고사 4〉 본문 121

〈HSK 6급 실전 모의고사 4〉 답안 129

〈HSK 6급 실전 모의고사 5〉 131

〈HSK 6급 실전 모의고사 5〉 본문 155

〈HSK 6급 실전 모의고사 5〉 답안 163

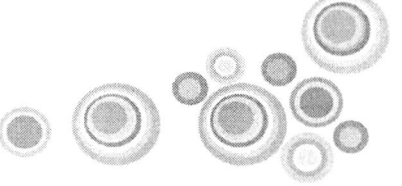

新汉语水平考试

HSK（六级）1

注　意

一、HSK（六级）分三部分：

1. 听力（50 题，约 35 分钟）

2. 阅读（50 题，50 分钟）

3. 书写（1 题，45 分钟）

二、听力结束后，有 5 分钟填写答题卡。

三、全部考试约 140 分钟（含考生填写个人信息时间 5 分钟）。

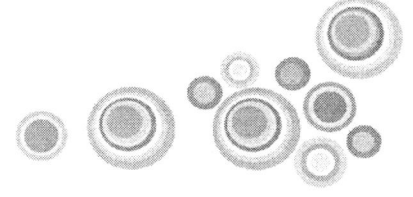

一、听力

第一部分

第 1-15 题：请选出与所听内容一致的一项。

1. A 音乐会让人变笨
   B 音乐对大脑发育有好的影响
   C 小孩子不能听音乐
   D 老人经过短期音乐训练也能变聪明

2. A 孩子不能交好朋友
   B 训练解读非语言沟通信号是关键
   C 学习乐器没有帮助
   D 玩手机很有用

3. A 三个人现在在家里
   B 荒岛上没有神灯
   C 精灵可以满足愿望
   D 三个人都没许愿望

4. A 李政道博士是文学家
   B 李政道博士在茶馆里听评书
   C 茶馆里很安静
   D 茶馆的环境不能影响到李政道

5. A 看书不要看经典的书
   B 经典的书不耐看
   C 中国四大名著是经典
   D 经典经常被淘汰

6. A 编辑收到一位男小说家的来稿
   B 小说稿和糖一起寄来的
   C 编辑没有给小说家回信
   D 小说家的小说写的很好

7. A 地震不普遍
   B 地震往往集中在某些地区
   C 太平洋沿岸从不地震
   D 地震只发生在非洲

8. A 妈妈不长白发
   B 小女孩也想长白发
   C 小女孩非常听话
   D 姥姥也有白发

9. A 巧克力对人类来说不是美味
   B 巧克力会降低免疫力
   C 谁都能吃巧克力
   D 狗不能吃巧克力

10. A 下雪天世界会显得安静
    B 雪花的结构不能吸收声音
    C 刚下的雪中间没有空隙
    D 下雨天世界会变得安静

11. A 父亲没有给过我忠告
    B 世上每个人条件都比我好
    C 我与父亲向来话不多
    D 父亲经常批评我

12. A 五星级饭店门口有辆豪华进口车
    B 坐豪车的人口袋里没钱
    C 坐不起豪车的人肚子里有学问
    D 父子俩家里有豪车

13. A 我讨厌积极的东西
    B 我喜欢悲伤和痛苦
    C 吃东西不能抗拒沮丧
    D 吃太多东西会发胖

14. A 女子觉得自己聪明
    B 大夫没有给女子开药
    C 女子觉得自己被大夫骗了
    D 大夫免费给了女子药物

15. A 武则天从不跟大臣说话
    B 大臣们知道长两只眼睛的原因
    C 眼睛从来不会累
    D 武则天不希望大臣多管闲事

第二部分

第 16-30 题：请选出正确答案。

16. A 六七岁
    B 八九岁
    C 二十岁
    D 十九岁

17. A 凡尔纳
    B 克拉克
    C 刘慈欣
    D 斯里兰卡

18. A 爱情
    B 生物
    C 漫画
    D 科幻

19. A 北京
    B 地下室
    C 火柴盒
    D 大楼

20. A 主要在北京居住和写书
    B 写了40部长篇小说
    C 没时间看卫星发射
    D 看过东方红卫星发射

21. A 帅的
    B 有钱的
    C 个子高的
    D 有才华的

22. A 张艾嘉
    B 李安
    C 李宗盛
    D 王力

23. A 《20 30 40》
    B 《轻描淡写》
    C 《爱的代价》
    D 《白马王子》

24. A 《20 30 40》
    B 《轻描淡写》
    C 《爱的代价》
    D 《白马王子》

25. A 现在还在工作
    B 不避讳谈年龄
    C 认为人要学会享受痛苦
    D 她是导演，不是演员

26. A 10年
    B 50年
    C 40年
    D 20年

27. A 《少年漂流记》
    B 《饮食男女》
    C 《东方不败》
    D 《不能说的秘密》

28. A 1959年
    B 1969年
    C 1976年
    D 1979年

29. A 菜的咸淡
    B 酸甜苦辣
    C 做菜的方法
    D 品德

30. A 他的师傅也是父亲
    B 他和师傅的女儿结了婚
    C 他光刀工就练习了十来年
    D 他的手指都受过伤

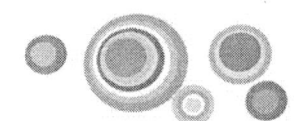

第 31-50 题：请选出正确答案。

31. A 一个人
    B 两个人
    C 三个人
    D 十个人

32. A 小和尚
    B 住持
    C 游客
    D 考官

33. A 买一赠一的形式
    B 减价卖出
    C 卖给了旅行团
    D 把梳子命名为"积善梳"

34. A 和尚不会买梳子
    B 不要随便接受挑战
    C 不要占便宜
    D 营销更重要是发现里面"食物链"

35. A 一个
    B 两个
    C 三个
    D 四个

36. A 两者花销都很大
    B 两者都很累人
    C 两者都会带来苦与乐
    D 两者都让人不喜欢

37. A 作者的两个孩子都很省心
    B 作者看不够自己的孩子
    C 作者不想有第二个孩子
    D 作者不想为孩子付出爱

38. A 商朝末年
    B 秦朝末年
    C 唐朝末年
    D 宋朝末年

39. A 他的信誉很高
    B 他总是出尔反尔
    C 他没有攻打过刘邦
    D 他与项羽是敌人

40. A 他没有窝藏季布
    B 他被重金诱惑了
    C 他冒着危险保护季布
    D 他不喜欢季布

6

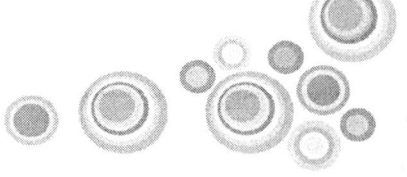

41. A 戴在左手
    B 戴在右手
    C 放在上衣兜里
    D 根本不戴

42. A 提升右手的灵活性
    B 影响工作
    C 右手易受伤
    D 右手会抽筋

43. A 为戴在左手上设计的
    B 设计的手表都是电子表
    C 设计手表的都是男性
    D 手表都是为女性设计的

44. A 传统手表是机械制动
    B 传统手表不用每天上弦
    C 传统手表不用常对时间
    D 传统手表都是戴在右手的

45. A 作者有孩子
    B 作者结婚了
    C 作者是个男的
    D 作者喜爱电影行业

46. A 电影是个梦工厂
    B 电影接触的层面太窄
    C 电影没什么变化
    D 电影不吸引人

47. A 他年龄大了
    B 薪金比其他行业高
    C 每周都能搭不同的房子
    D 美女很多

48. A 脑筋很死板
    B 脑筋很灵活
    C 不爱动脑筋
    D 很懒惰

49. A 原子寿命很短
    B 原子不能到处漫游
    C 每个人身上都有原子
    D 原子生命力很弱

50. A 原子非常长寿
    B 人类明确知道原子的寿命
    C 原子很短命
    D 马丁·里斯没有谈论过原子寿命

二、阅读

第一部分

第 51-60 题：请选出有语病的一项。

51. A 2015年3月1日正式实施了《湖北省全民阅读促进办法》，是中国首部关于全民阅读的地方政府规章，普通人的阅读权益因此获得了法律保障。

    B 近年来，生态保护意识渐入人心，所以当社会经济发展与林地保护管理发生冲突时，一些地方在权衡之后往往会选择前者。

    C 2014年底，探月工程三期"再入返回飞行"试验获得成功，确保嫦娥五号任务顺利实施和探月工程持续推进奠定坚实基础。

    D 对血液和血液制品进行严格的艾滋病病毒抗体检测，确保用血安全，是防止艾滋病通过采血与供血途径传播的关键措施。

52. A 英国政府计划从今年9月开始，推行4到5岁幼童将接受语文和算术能力的"基准测验"，此政策遭到了教师工会的强烈反对。

    B 一种观念只有被人们普遍接受、理解和掌握并转化为整个社会的群体意识，才能成为人们自觉遵守和奉行的准则。

    C 批评或许有对有错，甚至偏激，但只要出于善意，没有违犯法律法规，没有损害公序良俗，我们就应该以包容的心态对待。

    D 今年5月9日是俄罗斯卫国战争胜利70周年，有近30个国家和国际组织的领导人参加了在莫斯科红场举行的阅兵式。

53. A 除了驾驶员要有熟练的驾驶技术、丰富的驾驶经验之外，汽车本身的状况，也是保证行车安全的重要条件之一。

    B 帮助家境不好的孩子上大学，是我们应该做的，不过这孩子各方面都很优秀，我们一定要帮助她圆大学梦。

C 说到人才培养，人们往往想到要学好各门课程的基础理论，而对与这些理论密切相关的逻辑思维训练却常常被忽视。

D 这部影片讲述了一个身患重病的工人的女儿自强不息、与命运抗争的故事，对青少年观众很有教育意义。

54. A "五大道历史体验馆"项目以五大道历史为背景，以洋楼文化为主线，结合历史图片、历史资料、历史物品、历史人物，通过多媒体手段，展现当年的洋楼生活。

B "全民阅读"活动是丰富市民文化生活，引导市民多读书、读好书，使读书成为一种体现百姓精神追求的生活方式。

C 由于自贸区致力于营造国际化、法治化、市场化的营商环境，使更多金融、物流和IT等专业人才有机会不出国门，就能拿到远超同行水平的"国际工资"。

D 一个民族的文明史实质上就是这个民族在漫长的历史长河中，经历了深重灾难，也绝不放弃文化的传承与融合，从而促进自我发展的精神升华历程。

55. A 首届"书香之家"颁奖典礼，是设在杜甫草堂古色古香的仰止堂举行的，当场揭晓了书香家庭、书香校园、书香企业、书香社区等获奖名单。

B 专家强调，必须牢固树立保护生态环境就是保护生产力的理念，形成绿水青山也是金山银山的生态意识，构建与生态文明相适应的发展模式。

C 市旅游局要求各风景区进一步加强对景区厕所、停车场的建设和管理，整治和引导不文明旅游的各种顽疾和陋习，有效提升景区的服务水平。

D 《四川省农村扶贫开发条例》是首次四川针对贫困人群制定的地方性法规，将精准扶贫确定为重要原则，从最贫困村户入手，让老乡过上好日子。

56. A 为纪念抗日战争暨世界反法西斯战争胜利70周年，从现在起到年底，国家大剧院宣布将承办31场精心策划的演出。

B 根据国家统计局发布的数据，4月份中国居民消费价格指数出现自去年12月以来的最大涨幅，但仍低于相关机构的预测。

C 这部小说中的"边缘人"是一个玩世不恭、富有破坏性却真实坦白的群体，人们面对这类形象时会引起深深的思索。

D 为进一步保障百姓餐桌安全，国家对施行已超过5年的《食品安全法》作了修订，因加大了惩处力度而被冠以"史上最严"的称号。

57. A "地坛书市"曾经是北京市民非常喜爱的一个文化品牌，去年更名为"北京书市"并落户朝阳公园后，依旧热情不减。

B "丝绸之路经济带"横跨亚、非、欧三大洲，其形成与繁荣必将深刻影响世界政治、经济格局，促进全球的和平与发展。

C 在那个民族独立和民族解放斗争风起云涌的时代，能激发人们的爱国热情是评判一部文学作品好坏的非常重要的标准。

D 父亲住院期间，梅兰每天晚上都陪伴在他身旁，听他讲述一生中经历的种种苦难和幸福，她就算再忙再累，也不例外。

58. A 只有当促进艺术电影繁荣成为社会共识，从源头的创作方到末端的受众方的各环节都得到强有力的支持，艺术电影才能真正实现飞跃。

B 。据说当年徽州男人大多外出经商，家中皆是妇孺及孩童，为了安全，徽州的古村落老宅子大多为高墙深院、重门窄窗的建筑。

C 工作之余，大家的闲谈话题脱不开子女教育、住房大小、职务升迁，也照样脱不开为饭菜咸淡、暖气冷热、物价高低吐槽发声。

D 中国重新修订《食品安全法》，目的是用更严格的监管、更严厉的处罚、更严肃的问责，切实保障"舌尖上的安全"，被称为"最严食品安全法"。

59. A 中国石油的生产，长期不能自给，一旦中东地区局势出现动荡，中国的燃油市场也将随之出现波动。

B 我们应该发挥广大青年的充分的作用，让他们在亚太市长峰会期间各显其能，使来宾们从中感受到重庆青年的友好。

C 一位优秀的有20多年教学经验的我们学校的语文教师，调到北京去了。

D 他清楚地记得，一周前，一个人背着一个黑色的皮包，从这条小路匆匆地走进村子，径直走进了王明那有些破败的小院。

60. A 我们主张社会利益与个人利益一致、贡献与索取一致的观点，不是主张把人生的价值仅仅归结到对个人需要的满足和个人向社会的索取上。

B 在休息室里许多老师昨天都同他热情地交谈了起来，使他紧张的心情放松了不少。

C 迎面吹来的寒风不禁使我打了个寒战，我赶紧扣上大衣扣子，快步向不远处的汽车站走去。

D 他如果不能实事求是，事业就会受到巨大损失，长期以来所恪守的诚信待人的美好品德也会丧失。

第二部分

第 61-70 题：选词填空。

61. 纵览古今中外，但凡功绩_____者，均能争朝夕，抢分秒，把时间最大限度地_____起来，这样就等于_____了自己的生命。

    A   明显   运营   缩短

    B   卓著   利用   延长

    C   著名   运行   展望

    D   伟大   运动   延续

62. 亚洲危机的爆发深刻暴露了亚洲各国在协调经济政策、共同_____危机方面的苍白无力。一种流行的观点认为，正是由于亚洲各国存在着经济与社会发展方面的差异性、多样性和文化的多元性，缺少一种强有力的_____力量，才使亚洲各国在金融危机中吃尽苦头，元气大伤。因此，地区合作、_____和大量的双边援助是十分必要的。

    A   防御   整合   沟通

    B   预防   整理   勾结

    C   防止   治理   构建

    D   防治   整治   实践

63. 八股文是古代的一种文体，在封建时代用于科举考试。它必须"代圣人立言"，在形式上也必须遵守一些死板的_____。1905年，清朝政府宣布废止科举考试制度，八股文随之失去了它的实际效用。新文化运动兴起时，它作为封建旧文化的象征之一，受到严厉_____。随着时间的推移，自然成了无人肯说的_____话题。

    A   规章   打压   生冷

    B   限制   打击   冷淡

    C   规定   打断   寒冷

    D   限定   抨击   冷僻

64. 中国正处于发展的关键时期，面临着_____经济结构、_____利用资源、保护生态环境、_____地区协调发展、提高人口素质、彻底_____贫困等一系列重大任务。

A	强调	充分	推进	毁坏
B	优先	充足	进行	消灭
C	优化	合理	促进	消除
D	强化	合适	促成	销毁

65. 有一个心理学家做了一个关于烦恼的实验。一群实验者_____他的要求把接下来7天将会出现的烦恼写下来，然后投入一个大"烦恼箱"。7天后，实验者从箱子里拿出自己的"烦恼条"逐一_____。他们发现自己90%的担心根本就没有发生。剩下的10%的烦恼又怎么样了呢？一个星期后，实验者们开箱后。再用现实来对照那些10%的烦恼，他们发现有些问题自己已经解决了，还有的问题自己则有信心和能力_____。可见，烦恼是自己找来的。据统计，一般人的忧虑有40%属于过去。有50%属于未来，只有10%属于现在，而92%的忧虑___发生过。而剩下的8%则是能够轻易应付的。

A	按照	核对	对付	从未
B	预料	确定	解决	消灭
C	见解	困惑	安排	没有
D	照着	一致	处理	确定

66. 法官审视案情，要极力排除个人的好恶，排除人际关系的_____，排除任何势力的_____。你要以生命和你手中的权力为赌注，努力向真理靠近。如果你无法坚持真理，那就毫不犹豫地_____个人利益，以_____你的良知。

A	干扰	打扰	放生	保护
B	混乱	打搅	忘记	交换
C	纷扰	干预	牺牲	保全
D	杂乱	侵扰	保留	舍弃

67. 说话是用语言来表达思想的。凡有_____发音器官的人都能说话，人通过说话表达意见、沟通思想、_____感情、以协调人际关系，_____社会交往，_____人类文明和进步。

A	完全	连通	加速	进行
B	完整	连线	加强	推进
C	健康	交换	领先	快速
D	健全	交流	促进	推动

68. 随着科学技术的进步，人们可以应用现代科学技术_____生产条件，_____资源的利用率，还可以不断_____资源利用的范围，使自然资源_____更大的作用。

A	整合	降低	张开	提高
B	整理	提升	成长	挥发
C	改革	夸大	扩展	回复
D	改善	提高	扩大	发挥

69. 中国书法_____，是我国民族文化的_____。它以点画、字形和章法传达了书写者的艺术修养、性格气质和精神境界。欣赏书法作品，_____能增加书写的美感，_____能增进对民族文化的了解和热爱，从而培养_____的审美情趣。

A	独具匠心	宝藏	虽然	但	精致
B	博大精深	珍宝	不管	也	优美
C	博学多识	宝贝	既然	就	典雅
D	源远流长	瑰宝	不仅	还	高雅

70. 郁金香是16世纪末从土耳其_____荷兰的，荷兰人很快就喜欢上了这种色彩鲜艳的花朵，在随后的几十年中郁金香的价格飞速_____。到17世纪30年代_____较为_____的郁金香相当于四只公牛的价格，大大超出了它的内在价值。此时的郁金香已经不再是作为观赏之用，而变成了_____的投资产品。

A	进入	长大	一只	重要	供不应求

B	吸引	长高	一致	珍重	不言而喻
C	引导	上扬	一直	昂贵	家喻户晓
D	引入	上涨	一支	名贵	炙手可热

第三部分

第 71-80 题：选句填空。

71-75.

有一个辛苦操劳了大半生的农夫，开始厌倦劳碌的生活。有一天，他遇到了一位路经此地的哲人，便虔诚地走上前请教："像我这样的生活，什么时候才能获得幸福呢？"哲人惊诧地问："(71)_____？"

农夫连忙点了点头，解释说："每天我都要为了生计和子女的前程而奔波操劳；除此之外，我还要从微薄的收入中抠出钱来，为体弱多病的妻子求医问药，(72)_____。"

哲人微笑着问了他一个问题："如果有人肯出一千两黄金的价格，用一颗奄奄一息的心脏换取你的心脏，用失去记忆的头脑换取你的头脑，(73)_____？"农夫茫然地摇了摇头。(74)_____："如果有人肯用华丽的宫殿换取你的子女，用万亩良田换取你的妻子，你愿意吗？"农夫仍茫然地摇了摇头。

此时，哲人竟朗声笑了起来，说："这么说，(75)_____，幸福就握在你的手中啊！"农夫若有所思，而后释然地笑了。

A 你就是世界上最幸福的人了

B 哲人继续问道

C 难道你现在生活得不幸福吗

D 我感觉自己已经失去了生活的意义

E 你愿意吗

76-80.

在中国常常会听说"正月不理发"的说法,甚至说在正月理发会给自己以及家人带来厄运。人们大都会把理发的最佳时机选择在年后的二月二,(76)_____,有着十分美好的寓意。

那么,"正月不理发"这种说法到底有没有科学依据呢?(77)_____?实际上,这种看似没有什么道理的观点却是有一定的科学依据的。

首先,(78)_____,春天阳气逐渐上升,万物都开始向外散发生长,在春天的这三个月人们应该让头发自由生长而不应该剪短,否则就会阻塞人的生发之气,甚至可能会使肺部、肝部受到一定的损伤。

同时,在古人的观念里,头发是十分重要的,(79)_____。另外,"头发"历来是人们心性的外在表现,是头脑和心神的延伸。中医更是认为,身、心、灵之间密不可分,我们可以通过调整自己的形体、形态、姿势来调整气血、心情以及思想。尤其是春天万物复苏,这时候是养生的最佳时机,不能随意修剪头发,否则就会对身心有损害。

另外,正月里温度还都比较低,如果理发,特别是把头发理得太短,而在理发之后又不注意保暖,就极容易使头部着凉受风,给身体健康造成危害。(80)_____,理发后若是不戴帽子常常会感到后脑勺一阵阵发凉。等到气温逐渐回暖之后再理发就会好很多。

所谓的"正月不理发"主要是从健康、养生的角度来考量的,对于正月理发会给自己和家人带来灾祸,或是"正月理发死舅舅"的说法纯属无稽之谈,大可不必相信。

A 根据《黄帝内经》中的记载

B 因为这天被称为"龙抬头"

C 是纯属谣言还是暗藏玄机

D 在春日理发的人大多会有这样的体会

E 所谓"身体发肤,受之父母"

第四部分

第 81-100 题：请选出正确答案。

81-84.

到一个朋友家去做客，出了电梯，见门口赫然挂了一块小木牌，上书："进门前，请脱去烦恼；回家时，带快乐回来。"进屋后，果见男女主人一团和气，两个孩子大方有礼，温馨、和谐充盈着整个屋子。我自然询问起那块木牌，女主人笑着望向男主人："你说。"男主人则温柔地瞅向女主人："还是你说，因为这是你的创意。"

最终，女主人轻缓地说开了："有一回我回家，在电梯的镜子里看到了一张困倦、灰暗的脸，一双紧拧的眉毛，烦恼的眼睛……把我自己吓了一大跳。于是，我想，当孩子、丈夫面对这样愁苦阴沉的面孔时，会有什么感觉？假如我面对的也是这样的面孔又会有什么反应？接着我想到孩子在餐桌上的沉默、丈夫的冷淡……第二天我就写了一块方木牌钉在门上以提醒自己。结果，提醒的不只是我，而是一家人，奇迹就这样出现了。而且，不仅是我们一家人，到我家的客人也都变得欢欢喜喜……"

好有智慧、好可爱的女人。天下的好与坏，幸与不幸，快乐与痛苦，常常是一体的两面。一念之间的转换，就呈现出截然不同的世界。

81. 朋友家的门口有什么？

   A 有人形立牌　　　　　　　　B 有个小木牌

   C 有迎接的仆人　　　　　　　D 有只小狗

82. 关于朋友的家庭，下列哪项不正确？

   A 家里人经常吵架　　　　　　B 男女主人一团和气

   C 家里有两个孩子　　　　　　D 家里很和谐

83. 门口挂木牌是是谁的主意？

   A 男主人　　　　　　　　　　B 女主人

   C 孩子　　　　　　　　　　　D 客人

84. 根据文章，我们能知道什么？

   A 朋友家从来不接待客人　　　B 每个人回家都愁容满面

   C 男主人每天回家都不开心　　D 小木牌起了非常好的作用

85-88.

一个幼儿园老师决定让她班上的孩子们玩一个游戏。她告诉孩子们每人从家里带来一个塑料口袋，里面要装上土豆。每一个土豆上都写着自己最讨厌的人的名字，所以痛恨的人越多口袋里土豆的数量也就越多。第二天，每一个孩子都带来了一些土豆。有的是两个，有的是三个，最多的是五个。然后老师说："无论到什么地方都要带着土豆袋子，即使是上厕所的时候。"

日子一天天过去，孩子们开始抱怨，发霉的土豆散发出难闻的气味。另外，那些带着五个土豆的孩子也不愿意再随身带着沉重的袋子。一周后，游戏结束，孩子们终于解放了。老师问他们："在这一周里，你们对随身带着土豆有什么感觉？"孩子们纷纷沮丧地表示，带着土豆袋子行动不便，还有土豆发霉后散发的气味很难闻。

这时，老师告诉他们这个游戏的意义。她说："这就和你心里嫉恨着自己讨厌的人一样。嫉恨的毒气将会侵蚀你的心灵，而你无论到什么地方都要带着它。如果你连腐烂土豆的气味都无法忍受一个星期，你又怎么能让嫉恨的毒气占据你的一生？"

85. 老师让孩子们用土豆做什么？

　　A 在土豆上写喜欢的人名字　　B 在土豆上写讨厌的人名字

　　C 用土豆学做饭　　D 给土豆浇水

86. 关于孩子，可以知道什么？

　　A 没有孩子带土豆来学校　　B 孩子们不用随身带着装土豆的袋子

　　C 孩子们讨厌发霉土豆的味道　　D 孩子们吃了一周的土豆

87. 关于这个游戏，下列哪项说法不正确？

　　A 游戏会用到土豆　　B 游戏是老师让孩子们玩的

　　C 游戏很有教育意义　　D 游戏进行了一个月

88. 文章主要想告诉我们什么？

　　A 要多吃土豆　　B 要帮助别人

　　C 不要一直嫉恨别人　　D 对他人要有戒心

89-92.

故宫是一座规模宏大、壮丽、建筑精美、布局统一的建筑群。穿过午门，便来到一个由青砖铺成的大广场，广场上有座金水桥。金水桥是一座石拱桥，远看，金水桥像一轮皎洁的明月，近看，中间扶手上的一条条飞龙上雕有形态各异的精美图片：有燃烧的熊熊火焰；有金灿灿的宝石；还有高高的水柱……旁边的白石上雕刻的狮子神态不一：有的静卧在窝里；有的则开心的嬉戏；还有的张牙舞爪，似乎想吓跑桥上的游人。真是千姿百态。微风从桥下的小溪上吹来，使人神清气爽。

欣赏完金水桥，经过太和门，浓缩着五千年的辉煌与古老的文化，举世闻名的太和殿映入了眼帘。从远处看，太和殿像一块闪闪发光的金子，金碧辉煌，金黄的琉璃瓦如一个个神气的小士兵，排列十分整齐。从近处近，弯弯的房角上都刻着凤凰，向上翘起的屋檐把太和殿衬得显得雄伟、壮观。七十二个大红柱上雕龙画凤，金灿灿屋顶体现出古代皇帝的威严和地位。此时此刻，仿佛能够看见了一群太监恭候在两旁，皇帝坐在龙椅上，大臣们面向皇帝而跪……

还有中和殿、保和殿、穿过内廷，从神武门出来后，不禁对古代人员能修建这么雄伟、宏大壮丽与精美并存的建筑群而感到惊讶不已，可想而知，曾有多少劳动人员付出血汗与辛劳，才凝结成这伟大的故宫。

89. 第一段中，作者没有提到的是？

A 故宫　　　　　　　　　　　B 金水桥

C 太和门　　　　　　　　　　D 石狮子

90. 从远处看，太和殿像什么？

A 闪闪发光的金子　　　　　　B 神气的小士兵

C 燃烧的熊熊火焰　　　　　　D 金灿灿的宝石

91. 最后一段中，作者的感情是怎样的？

A 鄙视　　　　　　　　　　　B 赞美

C 无感　　　　　　　　　　　D 嘲笑

92. 下列哪项是作者的观点？

A 古代人很浪费　　　　　　　B 故宫不好看

C 金水桥、太和殿不壮观　　　D 修建故宫的劳动人员付出了很多

93-96.

朋友，你挑食吗？也许你因为食物不香；也许你因为肚子很饱；也许你因为饭菜没有很好的色泽。但不论怎样，挑食都是不良的习惯。所以，朋友——别挑食，因为每种食物中都有人体不可缺少的营养！

人体所需的营养大致可分为五类：维生素、蛋白质、脂肪、碳水化合物和矿物质。维生素在过去叫做维他命，顾名思义，维生素就是维持生命的元素。维生素的种类很多，已知的已有20余种，包括维生素A、B、C、D、K等。每个人需要的维生素量很小，但它对人体却发挥着不可取代的作用。人体一旦缺乏了维生素，生长发育就要受到影响，有时还会引起一些疾病。

蛋白质是构成人体细胞的基本物质，我们的生长发育，组织更新及提供能量，都少不了它。蛋白质主要来源于鱼类、牛奶、肉类、干果仁、豆类等。脂肪也是为人体提供能量的物质，一般来说，脂肪只贮存在体内，主要来源于油、蛋、鱼、肉、奶、豆类、芝麻等。能为人体提供能量的还有碳水化合物，人体的活动所需的能量主要来源于它。它还是构成细胞的一部分。含碳水化合物较多的食物如：面食、米食、马铃薯和糖等。矿物质在体内的含量不多，但也很重要，常见的如：钙、锌、铁、镁、磷等。这些都是不可缺少的，其中钙、镁、磷是骨骼和牙齿的主要成分。矿物质主要存在于奶类、蛋类、肉类、鱼类、蟹类等中。

总之，人体需要上述多种营养。这些营养都要从食物中摄取。

93. 下列哪项不是作者的观点？

A 可以挑食　　　　　　　　　　B 每种食物都含有人体不可缺少的营养

C 不能挑食　　　　　　　　　　D 人体需要多种营养

94. 上文的主题是？

A 挑食的人　　　　　　　　　　B 食物中的营养

C 保持健康的方法　　　　　　　D 挑食的原因

95. 下列各项中正确的是？

A 人体需要的营养可以不通过食物补充　B 人体所需的营养大致可分为五类

C 人体不需要多种营养　　　　　　　　D 脂肪主要来源于面食、米食、马铃薯和糖

96. 以下哪项是文中没有提到的营养物质？

A 蛋白质　　　　　　　　　　　B 矿物质

C 水　　　　　　　　　　　　　D 维生素

97-100.

中国的文化已有几千年的历史，在这漫长的岁月里，中国人不仅创造出了许多优美文字和绘画，还创造了许多反映人们对美好生活向往和追求的寓意吉祥的图案。中国的风筝就是通过图案形象，给人以喜庆、吉祥如意和祝福之意；它融合了群众的欣赏习惯，反映了人们善良健康的思想感情，渗透着我国民族传统和民间习俗。因而为人们喜闻乐见。

中国风筝一直融入在中国传统文化之中，受其熏陶，在传统的中国风筝中，随处可见吉祥寓意："龙凤呈祥"、"百蝶闹春"等，表现着人们对美好生活的向往和憧憬。

中国风筝的吉祥图案运用人物、走兽、花鸟、器物等形象和一些吉祥文字，以民间谚语、吉语及神话故事为题材，通过借喻、比拟、双关、象征及谐音等表现手法，构成"一句吉语一图案"的美术形式，赋予求吉呈祥、消灾免难之意，寄托人们追求幸福、长寿、喜庆等愿望。它因物喻义，将情景物融为一体，因而主题鲜明突出，构思巧妙，趣味盎然，富有独特的格调和浓烈的民族色彩。

中国风筝的吉祥图案寓意丰富，大体有"求福"、"长寿"、"喜庆"、"吉祥"等类型，其中以"求福"图案为多。

风筝不但有这么多美好的寓意，而且放风筝还能使人情绪开朗、心境愉悦。因此，千百年来风筝一直深受人们的喜爱。

97. 上文的主题是？

　　A　中国漫长的历史岁月　　　　　　B　中国的风筝文化

　　C·中华优秀的传统文化　　　　　　D　中国的美术发展

98. 以下哪项不是"中国风筝一直融入在中国传统文化之中"的表现？

　　A　吉祥寓意表达了人民的美好向往　　B　以民间谚语、吉语及神话故事为题材

　　C　有独特的格调和浓烈的民族色彩　　D　放风筝使人情绪开朗、心境愉悦

99. 以下哪个不是中国风筝吉祥图案的大体类型？

　　A　辟邪　　　　　　　　　　　　　　B　长寿

　　C　求福　　　　　　　　　　　　　　D　吉祥

100. 以下哪项与原文不符？

　　A　风筝通过图案向人传达好的含义　　B　千百年来风筝一直深受人们的喜爱

　　C　风筝寄托了人们的美好愿望　　　　D　风筝的文字没有运用任何表现手法

三、书写

第 101 题：缩写。

（1）仔细阅读下面这篇文章，时间为 10 分钟，阅读时不能抄写、记录。

（2）10 分钟后，监考收回阅读材料，请你将这篇文章缩写成一篇短文，时间为 35 分钟。

（3）标题自拟。只需复述文章内容，不需加入自己的观点。

（4）字数为 400 左右。

（5）请把作文直接写在答题卡上。

    正在上班，朋友突然神秘地对我说："做一个心理小测验如何？""有5种动物，听好了，它们是老虎、猴子、孔雀、大象、狗，你到一个从未去过的原始森林探险，带着这5种动物，四周环境危险重重，你不可能都将它们带到最后，你不得不一一地放弃。你会按着什么样的顺序放弃呢？"

    考虑良久之后我说："孔雀、老虎、狗、猴子、大象。""哈哈哈……"朋友大笑起来说，"果然不出所料，你也首先放弃孔雀。知道孔雀意味着什么吗？"朋友一一向我解释："孔雀代表你的伴侣、爱人；老虎代表你对金钱和权力的欲望；大象代表你的父母；狗代表你的朋友；猴子代表你的子女。"

    这个问题的答案，意味着在困苦的环境中你会首先放弃什么，让你看看你自己是什么样的人。孔雀代表我的爱人？我一下子惊呆了。在困苦的环境中我会最先放弃我的爱人？我是这样的人吗？在选择中，我为什么首先放弃孔雀呢？因为我觉得孔雀是在艰苦的环境中最不能帮助我的东西。我对朋友的评价很不以为然。

    于是开始让许多人来做这个游戏。正像朋友说的那样，他们无一例外首先放弃的也都是孔雀。当我最后揭示答案，许多人的反应也正像我的反应一样。甚至有人说：设计这个游戏的人，一定心理不太正常。

    有一天我给一位朋友打电话的时候突然想起了这个问题，于是也让他做。这个男人考虑很久之后对我说："猴子、老虎、大象、狗、孔雀。"我大吃一惊，他是我遇到的唯一一个最后选择放弃孔雀的人。为什么最后放弃孔雀？我一个劲儿地追问。他对我的问题倒吃了一惊，说："你想想，在这所有的动物中，唯有孔雀是最没有保护自己的能力的，我怎么能轻易放弃，让它陷身于一个危险的环境中呢？"

    我顿时明白了我的悲哀。在我们选择的过程中，我们太多地考虑了别人对我们的付出，而没有想到别人需要我们的付出。

<HSK 6급 실전 모의고사 1> 본문

1.听力 듣기

第一部分 제1부분

第1到15题，请选出与所听内容一致的一项，现在开始第1题：

1. "音乐能让人变得更聪明？从一定程度上来说，这句话是对的，而且对大脑发育有好的影响，并且这种影响肯定比我们现在所知的更多。但这也有很多局限性，比如说，必须要经过长期的系统专业的音乐训练，而且也要在年龄很小的时候就开始坚持训练，音乐才能让人变得更聪明。

2. 让孩子感到快乐的最重要的一个因素就是让孩子拥有好朋友。他们是如何交朋友，并维系友情的呢？善于解读非语言沟通信号是关键。这一技能是可以训练的，而学习某种乐器能够将这一能力提高50%。经常用手机发送短消息则会削弱这种能力。

3. 三个人被困在一个荒岛上，他们找到了一盏神灯。精灵出现，说可以满足他们三个人每人一个愿望。第一个人说，他想离开荒岛回到家中。第二个人许了同样的愿望。第三个人说："我好孤单，希望他们回来陪我。"

4. 著名的物理学家李政道博士年轻的时候，没有在安静的环境下学习的条件，他只好选择坐在闹市里一家茶馆的角落看书。虽然茶馆人来人往非常嘈杂，但是他总是迫使自己把所有精力集中在书本上，时间久了，不管茶馆有多热闹，也不能影响到他。

5. 网友问我看中文小说从哪些书读起，我笑着回答：经典呀！什么书才称得上经典？《三国演义》《水浒传》《西游记》《红楼梦》等，都是经典。成为经典，唯一的条件就是好看、耐看、百读不厌。什么叫经典？简单来说，不会被淘汰的，就叫经典。

6. 有一天，一家出版社的编辑收到一位年轻女小说家的来稿，连同小说稿一起寄来的还有一大盒糖。看完稿子，编辑给他回了一封信："你的糖很可口，我们收下了；可是你的小说写得太差了，我们不能收，以后只寄糖就可以了。"

7. 地震是相当普遍的。世界上平均每天都要发生两次2.0级或以上的地震，其强度足以使附近的人感到心惊肉跳。地震往往集中在某些地区，引人注目的是太平洋沿岸地区——但地震几乎可以发生在任何地方。

8. 小女孩问妈妈说："妈妈，你头上为什么长出白发来呢？"妈妈回答道："因为女儿不听话，妈妈的头上才会长出白头发呗！"这时，小女孩心领神会地说："现在，我可知道了，为什么姥姥的头发全白了！"

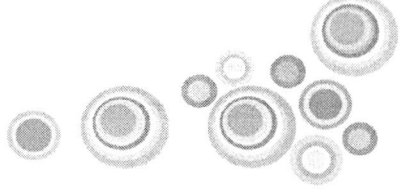

9. 巧克力对人类来说是美味,而且巧克力能够预防心血管疾病,增强免疫力;缓解情绪低落,令人愉悦,是一种具有"快乐魔力"的食物。可尽管如此,巧克力也并非谁都能吃,对狗来说,它不仅不是美味,甚至还会夺走它们的生命。

10. 一到下雪天,我们周围的世界就一下子变得非常安静。这是因为雪花的结构可以吸收声音。刚下的雪非常松散,中间有许多空隙,这些空隙可以使声波在里面多次反射,从而使声音减小。所以下雪天世界会显得比较安静。

11. 在我年纪更轻、见识更浅时,父亲曾给我一个忠告,它至今仍在我脑海萦绕。"每当你要批评别人,"他告诉我,"要记住,世上不是每个人都有你这么好的条件。"一直以来,我们话虽不多,心意却是相通的,我能明白他的言下之意。自那以后,我从不随便评判别人。

12. 父子二人经过五星级饭店门口,看到一辆十分豪华的进口轿车。儿子不屑地对他的父亲说:"坐这种车的人,肚子里一定没有学问!"父亲则轻描淡写地回答:"说这种话的人,口袋里一定没有钱!"

13. 我爱一切积极的东西,最讨厌的是担心、难过、悲伤、痛苦、忧郁和沮丧这几个,我当它们是敌人。要想消灭敌人,不用和它们去斗争,最好的办法是躲避。有人说吃东西可以抵抗沮丧,越悲伤吃得越多,这当然也是途径之一。问题在于吃太多东西会发胖。

14. 有位女子觉得自己太笨,所以找大夫希望能得到什么变聪明的药,医生收了她5000元之后把药给了她。三个星期之后,女子回来说药没有用,那位大夫马上把药剂量加倍。一个月后,女子回来对医生说:"大夫,我总觉得自己被骗了,你的药根本不管用!"大夫:"哈哈!现在你终于变聪明了!"

15. 武则天有天她问大臣们,为什么人要长两只眼睛?大臣们张口结舌,都答不上来,武则天告诉大家,是为了当一只眼睛累了的时候,能睁一只眼,闭一只眼。这句话,本是武则天敲打大臣,要他们不要多管闲事,后来常被解读为"为人需大度,莫要斤斤计较"。

第二部分 제2부분

第16-20题是根据下面一段采访:

女:欢迎刘慈欣先生。您是从什么时候开始对太空感兴趣的呢?

男:大概是六七岁的时候吧,我亲眼目睹了中国第一颗人造卫星,就是东方红一号的升空,那时候全村的人都出去了,都在看着天空,看得很清楚,就一颗星星从就这么划过天空。

女:所以一直到现在您只要有机会就会去酒泉卫星发射中心去看卫星发射是吗?

男:是这样,我是一个很狂热的航天爱好者,你比如一个火箭立在发射台上,看上去好像是一个很普通的东西,但一旦点火,它就突然发出震撼的雷鸣一般的声音,这就让他拥有了一种神秘性,这种神秘性可能也是人类探索宇宙的一个最生动的表现。

女:您的六部长篇科幻小说,以及三十多部短篇科幻小说,现在共计有四百多万的文字,都是在娘子关这出来的是吗?

男:大部分都是。

女:一个偏远的,安静的,不是那么发达的县城。

男:这种现象在科幻作家中并不少见,比如比较早的一个科幻作家儒勒·凡尔纳,在他一辈子写书的大部分时间里,他都是待在家里去想象那个比如《海底两万里》、《环游世界80天》。像这个阿瑟·克拉克,当代科幻的三大巨头之一,他的小说以描写很广阔的宇宙场景著名,但是他一辈子大部分时间也都是呆在斯里兰卡海边的一个小镇上,我觉得就是偏远的环境中,人们有突破这个环境去看世界的愿望,他会用这个想象力去做到这一点。读克拉克《2001:太空漫游》的这本书的时候,我正在填高考志愿,和每个考生一样我觉得是人生中很大的一件事情,但是就是在那天晚上看了那本书。我觉得都不算什么事了,跟宇宙的那种敬畏相比的话,确实不是太重要。我说过我所有的作品都是对克拉克很拙劣的模仿。

女:那你能不能用你的语言给所有的非科幻迷们来说一说科幻的奇妙?

男:假如你把整个的宇宙,想象成北京市。那么我们所在的银河系就是这座大楼,太阳系就是大楼的地下室,地球呢,可能连那个储物间里面的一个火柴盒那么大都不到,而科幻文学就意识到了储物间外面这个地下室的存在,它意识到地下室上面这座楼的存在,也意识到这个楼外面这座大城市的存在,它在描写这些事情,给大部分人这种封闭的生活带来一个在思想上,一个更广阔的生存空间,最后也是更重要的,它很可能激励某些人想办法去打开那道门。

16. 男的什么时候对太空感兴趣的?

17. 男的说自己的作品都是对谁的模仿?

18. 男的是一个什么方面的作家?

19. 男的把太阳系比喻成了什么?

20. 关于男的,下列说法哪项正确?

第21-25题是根据下面一段采访:

男:今天来到我们现场的是张艾嘉。她导演过电影《20 30 40》。可以说今天的她,60岁依然写着传奇。很多女性从三十五岁之后,就开始避讳谈自己的年龄,您好像没有这样的顾虑。

女:我不觉得有什么要躲躲藏藏的,或者要避讳去谈的,只要自己能够面对美好的,或者是不好的事情,而且我还蛮满意,我自己到了这个年纪,还可以继续工作。

女:1992年,有一首歌,《爱的代价》,李宗盛写给我时,当时觉得名字有点土。前两年重唱了一次,突然发现,是我的心在唱这首歌,那这个心经历过更多的事情,所以那里面几乎每一句,都是一个画面,都是一个故事,所以特别感伤。很多事都过去了,那我们都还是要继续往前走。所以每次唱走吧走吧的时候,特别感伤。

男：因为你的确曾经轰轰烈烈的爱过，年轻的时候，你特别喜欢有才华的男人。

女：我现在还是喜欢。

男：那些轰轰烈烈的恋爱，那么优秀的人，为什么最终没有能够结婚？

女：慢慢地到某一个时候，你就觉得，原来我们也只能走到这么多，再往下，路就分岔了。

男：这个当中的选择有差异吗？爱的人和结婚的人。

女：很多东西是注定的。他可能不是你当初年轻时候想象中的白马王子，可是他就是出现了，我先生当初娶我的时候，他跟我说了一句名言：我们千万不要黏在一起。我觉得这句话太有道理了，我相信每一个人都永远是：一个人来一个人去，都是孤独的，所以你必须要懂得：我就是我，你就是你，我们不应该把所有的幸福都依赖在对方给你什么。

男：你在六十岁之后，写了自己的第一本书，叫《轻描淡写》。我觉得有一点意外，是因为：你作为导演、演员，应该是很会讲故事的人，是可以用很浓墨重彩的那些语言，去讲自己那么精彩的过往，可是你选择了云淡风轻，是现在的一种心境和状态吗？

女：有这样的感觉，不刻意去加太多的色彩，是希望看的人有空间，我喜欢把复杂的事情，变得非常简单。这是我处理事情的方式。

男：其实我很想听听张姐到这个年龄，再来重新对一些事情下定义：比如幸福。

女：幸福是因为我相信每一个人，走过痛苦的那个时刻才发觉，自己的潜力是有多不可捉摸。我相信任何一个好的艺术家，绝对是一个懂得去享受痛苦的人，痛苦其实真的就是带你走上进步的一个路径。

21. 女的喜欢什么样的男人？
22. 《爱的代价》这首歌是谁写的？
23. 女的导演过的电影叫什么名字？
24. 女的60岁的时候写了一本什么书？
25. 关于女的，下列说法哪项不正确？

第26-30题是根据下面一段采访：

女：大家好，这是胡师傅。大家可能不了解，胡师傅穿的衣服可不是普通的衣服，全国可以穿得上这身衣服的人少之又少。

男：二十来个人。我们是中国顶尖厨师联谊会发的衣服。

女："万丈高楼平地起"，其实对于您来说，这五十年从业，也是从最基础的学徒开始做起的。

男：对。我们学徒都必须从最基本的刀工开始。我认真练了十来年。

女：练刀工就要练十来年？

男：对。五个手指头全部都切到过。现在还有创可贴，以前没有的，就是拿火柴纸贴一下。我当时最快的速度，一分钟切一斤肉丝，二十五秒切一斤肉片。

女：佩服，听着都觉得很神奇。

男：我师父刀工也很好的。他的刀工我们很多学生都学不会，我到现在，也没有他好。

女：那您是他带的徒弟当中最好的一个吗？

男：应该说是最好之一了。

女：您又谦虚。那他是把自己的真传都传授给你了吗？

男：对。因为又是师傅，又是朋友，后来成了岳父。

女：我说您怎么得了真传了呢，师傅都变成岳父了。我特别好奇，您自己是名厨，您的师傅更是了不得的师傅，那您跟他的闺女结婚，婚宴得摆成什么样啊？

男：我结婚在1979年，办了十六桌。当时的十六桌相当于现在的一百桌。为了体现跟别人不一样，我们三个人足足雕了两天，雕了二十个雕刻。

女：您这婚宴太隆重了。李安早期有一部电影叫《饮食男女》，我特别喜欢。它讲一个大厨退休了之后，每天最快乐的事情，就是给邻居家的小女孩做便当，给她带到学校去。那个便当盒一打开，所有的同学都惊呆了。这样他就觉得他很荣耀。我想问问胡师傅，"味道"两个字，您怎么理解？

男：味道我是分开来看的，"味"就是酸甜苦辣，味咸了，味淡了。但是，"道"是一个方法。没有方法，做不好菜的。味道要一起说，但要分开来理解。我们有一句话叫"有味使之出，无味使之入"，烧菜讲究厨艺，也要讲究厨德。到一定境界了，就会知道：菜无定味，适口者珍；博采众长，兼收并蓄，融会贯通。这是我们做菜的最高境界。

26. 胡师傅从业多长时间了？
27. 文中出现了一部李安的电影，叫什么名字？
28. 男的什么时候结的婚？
29. 男的认为味道的"道"指的是什么？
30. 关于男的，下列说法哪项不正确？

第三部分 제3부분

第31到50题，请选出正确答案。现在开始第31到34题：

第31到34题是根据下面一段话：

一家公司招聘营销员，主考官出了一道题目：把梳子卖给和尚。来应聘的人都认为这简直就是开玩笑，但是有三个人却留下来迎接挑战。主考官以十日为限，检查销售业绩。

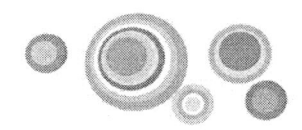

第一位销售人员把梳子卖给和尚遭到痛斥,却在下山时见到小和尚挠头,于是劝其购买,遂卖出一把。第二位上山正好风大,游客头发被吹乱,他找到寺院住持,劝说住持购买梳子,供香客梳理头发使用,免得风大时蓬头垢面,对佛祖不敬。于是住持同意购买十把梳子,供全寺十座庙宇香客使用。最后一位则卖出了1000把,考官惊讶不已。

原来,他是动员了住持购买梳子命名'积善梳',作为赠品赠给香客,这样寺庙的香火更旺。这位销售人员不但成功把梳子卖给了和尚,而且开发了潜在的市场。我们发现,营销并不仅仅是和客户搞好关系,更重要的是发掘里面存在的"食物链"。

31. 文章中有几个人去寺庙卖梳子?
32. 谁买了第二个人的10把梳子?
33. 第三个人怎么卖出了1000把梳子?
34. 这段话主要想告诉我们什么?

第35到37题是根据下面一段话:

初为父母,就像是品尝了一口醉人的烈酒,有苦也有乐,可是没人会告诉你喝完酒之后会发生什么,只有靠你自己慢慢体会。对此我深有感触,因为我有两个不让人省心的儿子,他们常常制造各种棘手的问题,让我不知该如何处理。当然,他们带来的不止这些。我很快发现,孩子的身上有着巨大的磁场,我时常盯着他们粉嫩的指甲、清澈的眼眸和浓密的头发,怎么都看不够。这一切让我心甘情愿地付出所有的爱,不管发生什么我都不会抛弃他们。第二个孩子的出生还让我意识到,每个孩子所获得的父母之爱在弟弟妹妹降生后丝毫不会减少,反而可能因为孩子数量的增多而倍增。

35. 说话人有几个孩子?
36. 为什么作者说做父母和喝酒很像?
37. 根据这段话,可以知道什么?

第38到40题是根据下面一段话:

秦朝末年有个叫季布的人,他总是说到做到,信誉很高。很多和他交往的人都跟他做了好朋友。后来项羽让他率兵攻打刘邦,曾数次让刘邦受窘。项羽在垓下之战失败后,汉高祖出千金悬赏捉拿季布,同时下了命令:有胆敢窝藏季布的人,灭三族。那时季布正好躲藏在濮阳一个周姓人家里,这位周姓朋友不但没有被重金诱惑,还冒着灭九族的危险来保护他,使得季布免遭杀身之祸,成语"一诺千斤"就是从这里诞生的。

38. 季布是什么朝代的人?
39. 关于季布,可以知道什么?
40. 关于濮阳周姓人,哪项说法正确?

第41到44题是根据下面一段话:

大多数人都爱把手表戴在左手腕上,这是为什么呢?按照人的一般习惯,将手表戴在左手腕上比右手腕上的好处要多。原因在于,右手主要是用来工作的,如果把手表戴在右手上,不

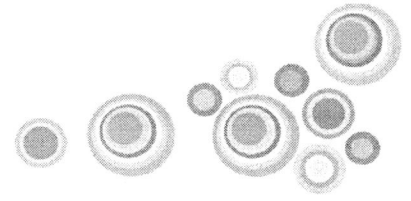

仅会妨碍右手的灵活性，影响工作，而且还可能使手表因震动、碰撞等受到损伤，而戴在左手腕上就相对安全一些。

其实还有更重要的一点：手表就是为戴在左手腕上设计的。由于人一般都是用右手工作，而传统的手表是机械制动，每天都要上一次弦，也常常要对时间，所以手表的设计者就直接按照戴在左手上的方式来设计，将上弦和调时按钮设计在了右边，这样一来，人们不需要把表从手腕上摘下来，就可以直接用右手上弦和调时。

41. 大多数人怎么戴表？
42. 手表戴右手上会怎么样？
43. 关于手表的设计，哪项说法正确？
44. 关于传统的手表，可以知道什么？

第45到48题是根据下面一段话：

如果我有儿女，一定会鼓励他们走进电影这一行。第一，电影始终是一个梦工厂，源源不断的幻想，都能以形象表现出来。第二，干电影的人，脑筋会被训练得非常灵活。这个不行，就做那；那个走不通，又预先安排了另一个选择。第三，接触到的层面最广。灯光、摄影、服装、道具等，每一个细节都是一门独有的学问。第四，完成至上映，只有很短的一段时间，宣传上的快速，不是其他行业赶得上的。第五，也是最吸引人的，是变化多端。

曾经问过一个搭布景的员工，说建筑工人的薪金已经是你的两倍，你为什么不改行？他回答说："我在外面搭房子，一年才搭一座；我在片场里，一个星期有一座不同的。"做过电影之后，要应付比它刻板的工作就轻而易举了，生存下来容易得多。

45. 关于作者可以知道什么？
46. 关于电影，哪项说法正确？
47. 搭布景的员工为什么不改行？
48. 关于干电影的人，哪项说法正确？

第49到50题是根据下面一段话：

由于原子非常长寿，所以它们真的可以到处漫游。你身上的每个原子肯定已经穿越几个恒星，曾是上百万种生物的组成部分，然后才成为你。我们每个人身上都有大量原子；这些原子的生命力很强，在我们死后可以重新利用；在我们身上的原子当中，有相当一部分——有人测算，我们每个人身上有多达10亿个原子——原先很可能是莎士比亚身上的原子，释迦牟尼、成吉思汗、贝多芬以及其他你点得出的历史人物又每人贡献10亿个原子。

我们都是别人转世化身来的——虽然我们都是短命的。我们死了以后，我们的原子就会天各一方，去别处寻找新的用武之地——成为一片叶子或别的人体或一滴露水的组成部分。而原子本身实际上将永远活下去。其实，谁也不知道一个原子的寿命，但据马丁·里斯说，它的寿命大约为1035年——这个数字太大，连我也乐意用数学符号来表示。

49. 关于原子，可以知道什么？
50. 关于原子寿命，哪项说法正确？

<HSK 6급 실전 모의고사 1> 답안

一、听力

第一部分 답안

1. B	2. B	3. C	4. D	5. C
6. B	7. B	8. D	9. D	10. A
11. C	12. A	13. D	14. C	15. D

第二部分 답안

16. A	17. B	18. D	19. B	20. D
21. D	22. C	23. A	24. B	25. D
26. B	27. B	28. D	29. C	30. A

第三部分 답안

31. C	32. B	33. D	34. D	35. B
36. C	37. B	38. B	39. A	40. C
41. A	42. B	43. A	44. A	45. D
46. A	47. C	48. B	49. C	50. A

二、阅读

第一部分 답안

| 51. B | 52. C | 53. B | 54. D | 55. B |
| 56. C | 57. B | 58. A | 59. C | 60. A |

第二部分 답안

| 61. B | 62. A | 63. D | 64. C | 65. A |
| 66. C | 67. D | 68. D | 69. D | 70. D |

第三部分 답안

| 71. C | 72. D | 73. E | 74. B | 75. A |
| 76. B | 77. C | 78. A | 79. E | 80. D |

第四部分 답안

81. B	82. A	83. B	84. D	85. B
86. C	87. D	88. C	89. C	90. A
91. B	92. D	93. A	94. B	95. B
96. C	97. B	98. D	99. A	100. D

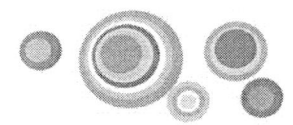

■■■■ 梦想中国语 模拟考试

新汉语水平考试

HSK （六级）2

注　意

一、HSK（六级）分三部分：

　1. 听力（50 题，约 35 分钟）

　2. 阅读（50 题，50 分钟）

　3. 书写（1 题，45 分钟）

二、听力结束后，有 5 分钟填写答题卡。

三、全部考试约 140 分钟（含考生填写个人信息时间 5 分钟）。

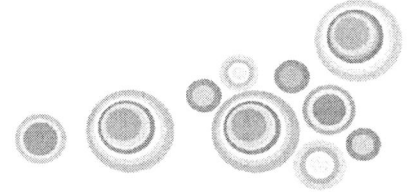

一、听力

第一部分

第 1-15 题：请选出与所听内容一致的一项。

1. A 太空中没有重力
   B 人在太空中不能产生眼泪
   C 太空中眼泪堆积没有危险
   D 人在太空中有眼泪不用吸干

2. A 课堂上老师没有布置作文
   B 老师晚上批改作文
   C 杰克没交作文本
   D 杰克写了满满三页作文

3. A 冷门知识没有趣味性
   B 冷门知识就在人的周围
   C 冷门知识没有惊喜
   D 冷门知识不能开拓眼界

4. A 旅行就是拍照片
   B 旅行就是走名胜
   C 旅行就是全靠钱
   D 旅行的时机和缘分很重要

5. A 当今商业社会中没有了"我"字
   B 老板不用领薪
   C 老板不会被股东抛弃
   D 人才不会带来财富

6. A 一个地方住久了就会有人脉
   B 人脉不用积累
   C 中途移民不烦人
   D 陌生地方很新奇

7. A 原子没有用
   B 原子数量少
   C 原子寿命短
   D 一切事物都由原子组成

8. A 潜水面具是英国人设计的
   B 潜水面具一开始就用于潜水
   C 1723年就有了潜水面具
   D 消防员愿意戴潜水面具

9. A 哪里都有水
   B 人体75%是水
   C 水有形状
   D 水有味道

10. A 药剂师走进一家药店
    B 书店老板不认识药剂师
    C 书店老板没读过药剂师手里的书
    D 药剂师喜欢书店老板

11. A 蜂蜜会腐败变质
    B 埃及金字塔中没有发现蜂蜜
    C 金字塔中的蜂蜜保存了5000年
    D 好蜂蜜没有严格的保质期

12. A 老太太和外孙在家里
    B 老太太叫孩子"毕业证"
    C 老太太的女儿没上大学
    D 孩子不是女儿带回来的

13. A 最早的面包出现在中国
    B 埃及奴隶经常给自己做饼
    C 埃及奴隶做饼时睡着了
    D 埃及奴隶原本就想做面包

14. A 在卡塔尔，有相应执照才能售酒
    B 卡塔尔小孩子也能喝酒
    C 在卡塔尔公共场合饮酒不违法
    D 卡塔尔的穆斯林也能喝酒

15. A 一只羽毛球由10根羽毛做成
    B 品质好的比赛球用天然鹅翎制成
    C 羽毛球对翎毛的要求不高
    D 一只鹅左右翎一共出10根翎毛

第二部分

第 16-30 题：请选出正确答案。

16. A 《宠爱》
    B 《小精灵》
    C 《青春修炼手册》
    D 《大梦想家》

17. A 十二三岁
    B 十五六岁
    C 十七八岁
    D 二十岁

18. A 150 分
    B 200 分
    C 450 分
    D 750 分

19. A 不吃
    B 不喝
    C 不睡
    D 一直补课

20. A 男生认为青春不需要修炼
    B 男生愿意去换别人的青春
    C 男生在突击备考时很快乐
    D 男生讨厌单纯做一个学生

21. A 一年
    B 五年
    C 十年
    D 超过二十年

22. A 悬疑小说
    B 科幻小说
    C 爱情小说
    D 武侠小说

23. A 10 本
    B 30 本
    C 60 本
    D 80 本

24. A 女士的爸爸
    B 女士的爷爷
    C 女士的姥姥
    D 女士自己

25. A 写作与现实生活没有密切关系
    B 认为爱情保鲜是希望对方改变
    C 认为归宿是由自己决定的
    D 女士父母在年轻时不吵架

26. A 1990年
    B 1995年
    C 1997年
    D 2000年

27. A 建筑学
    B 教育学
    C 医学
    D 数学

28. A 长得好看
    B 个子高
    C 个性强
    D 认真做事

29. A 自然科学
    B 人文素养
    C 悬疑推理
    D 历史地理

30. A 最开始创业是找到了商业动机
    B 男士大学期间实习机会很多
    C 男士的新员工会接受专业培训
    D 男士认为设计行业前景不好

第 31-50 题：请选出正确答案。

31. A 一个
    B 两个
    C 三个
    D 四个

32. A 沙漠
    B 海边
    C 草原
    D 雪山

33. A 他什么也没看见
    B 他只看见了骆驼
    C 他看见了蓝天和白云
    D 他看见了蓝天、白云和骆驼

34. A 做事要专注于目标
    B 做事要合作
    C 要多去沙漠看看
    D 要多多旅游

35. A 汉朝
    B 唐朝
    C 宋朝
    D 清朝

36. A 北京人
    B 广东人
    C 江苏人
    D 安徽人

37. A 邻里之间要互相谦让
    B 邻里之间不能互相谦让
    C 邻里之间要攀比
    D 邻里之间要结亲家

38. A 能灭火
    B 火会越烧越旺
    C 热油不会飞溅
    D 水会盖住油

39. A 油能与水相融
    B 油比水轻
    C 水不会沉到油下面
    D 热油遇到水不会飞溅

40. A 不用关火源
    B 不要把湿抹布盖到油锅上
    C 可往锅里放入切好的蔬菜
    D 不用盖锅盖

41. A 小周现在是部门经理
    B 小周要辞职
    C 小周对公司很不满
    D 小周今天没来上班

42. A 小蒋是公司总经理
    B 小蒋要升职了
    C 小蒋与小周资历差不多
    D 小蒋今天请假了

43. A 集市上有很多卖货的人
    B 今天集市没开
    C 集市上只有一个农民
    D 集市一周只开一天

44. A 农民正在卖土豆
    B 农民的土豆有50袋
    C 农民的土豆价格特别高
    D 农民没有西红柿

45. A 神经科学是研究大脑功能的
    B 神经科学是每个人都要学习的
    C 神经科学很容易学
    D 神经科学没有跨专业

46. A 人的所有决定不是在大脑中生成的
    B 人无法与大脑分离
    C 大脑没什么用
    D 人的情感与大脑无关

47. A 人与大脑没关系
    B 人与自己的大脑密不可分
    C 人不需要大脑
    D 大脑不执行人的行为

48. A 作者是学哲学的
    B 作者不是学神经科学的
    C 作者不想提出阴谋论
    D 作者觉得大脑不重要

49. A 地球上全部都是干的
    B 地球所有地方都是冷的
    C 地球上人类可利用的地方很少
    D 地球上全部是海洋

50. A 人类很喜欢热的地方
    B 人类不喝水能在沙漠里走一周
    C 人类保存热量的本事不大
    D 人类不是哺乳动物

二、阅读

第一部分

第 51-60 题：请选出有语病的一项。

51. A 作为古希腊哲家，他在本体论问题的论述中充满着辩证法，因此被誉为"古代世界的黑格尔"。

    B 由此可见，当时的设计者们不仅希望该过程中艺术活动是富有创造性的，而且技术活动也是富有创造性的。

    C 本书首次将各民族文广泛载入中国文通史，但就其章节设置、阐释深度等方面依然有很大的改进空间。

    D 古代神话虽然玄幻瑰奇，但仍然来源于生活现实，曲折地反映了先民们征服自然、追求美好生活的愿望。

52. A 他在新作《世界史》的前言中系统地阐述了世界是个不可分割的整体的观念，并将相关理论在该书的编撰中得到实施。

    B 作为一名语文老师，他非常喜欢茅盾的小说，对茅盾的《子夜》曾反复阅读，一直被翻得破烂不堪，只好重新装订。

    C 《舌尖上的中国》这部风靡海内外的纪录片，用镜头展示烹饪技术，用美味包裹乡愁，给观众带来了心灵的震撼。

    D 如果我们能够看准时机，把握机会，那么今天所投资百万元带来的效益，恐怕是五年后投资千万元也比不上的。

53. A 一项好的政策照理会带来好的效果，但在现阶段，必须强化阳光操作、民主监督等制约措施，因为好经也要提防不被念歪。

    B 中国的改革在不断深化，那种什么事情都由政府包揽的现象正在改变，各种社会组织纷纷成立，这有利于社会矛盾和社会责任的分担

C 一个孩子习绘画，即使基础不太好，但是如果老师能夸奖夸奖，哪怕给一个鼓励的微笑，他也会感到非常高兴，越画越有信心。

D 执法部门对向未成年人出售、出租或以其他方式传播反动、淫秽、暴力、凶杀、封建迷信的图书报刊、音像制品，应依法从重处罚。

54. A 一段时间以来，汉字书写大赛、非遗保护等文化现象引人注目，传统文化的重要性已越来越为国人所认知。

B 此次《环境保护法》修订，历时两年，前后经过了多次审议，如今终于定稿，在环境先于经济的原则上已达成一致并写入法律。

C 贝母是一种多年生草本植物，因其鳞茎具有止咳化痰、清热散结的神奇功效，常常采集起来，加工成药材。

D 马尔克斯的一生充满传奇色彩，他不仅是魔幻现实主义文的集大成者以及拉美"文爆炸"的先驱，还是记者、作家以及电影工作者。

55. A 中心思想是针对文章的整体内容而言的，要求具有较高的分析概括能力和准确的语言表达能力。

B 虽然有国家资源做支撑，但面临重重困难，国有企业能取得这样的成绩，确实可说堪称不易。

C 大庆石化总公司的老少职工们同台竞赛，年轻职工积极踊跃，老年职工更是不让须眉。

D 通过捐款、创办公益基金的方式回报社会，不是企业家的法定义务，可提倡而不宜强迫。

56. A 为了提升国家通用语言文字的规范化、标准化水平，满足信息时代语言生活和社会发张的需要，教育部国家语言文字工作委员会组织制定了《通用规范汉字表》。

B 自1993年进入老龄化社会以来，我市老龄化速度加快。据统计，我市60周岁以上的老龄化人口已达到 145.6 万，占总人口的 17.7%，老龄人口高于全国平均水平。

C 截至去年底，中国铁路运营里程已突破 10 万公里，其中高铁运营里程 1 万公里、在建规模 1.2 万公里，这使中国成为世界上高铁运营里程最长、在建规模最大的国家。

D 随着国家信用体制的建设，公民不仅将拥有统一的社会信用代码，到 2017 年，还会有一个集合金融、工商登记、税收缴纳、交通违章等的统一平台建成，实现信息资源共享。

57. A 一切儿童文学作品都应该永远秉持着守护童年的立场，遵循儿童思维发展规律，富有丰富的想象力，充满爱与希望，传递古老传统中的善与美。

B 在深化改革的关键阶段，我们是否能够保持积极的精神状态，关系到我省经济的长远发展，关系到全省人民的福祉，就必须防止"精神懈怠"。

C 自从实施飞行员培训计划后，员报名十分踊跃，有航空爱好者，有想开飞机节省时间的企业家，还有一些家长想给孩子增加一项实用技能。

D 今年，辽宁农信继续推进"阳光信贷工程"，致力于为农户打造公开透明、规范高效的信贷绿色通道，切实解决广大农民"贷款难"的问题。

58. A 具有自动化生产，智能识别和系统操控等功能的工业机器人，正成为国内不少装备制造提高生产闹效率，解决人力成本上涨的利器。

B 如何引导有运动天赋的青少年热爱并且投身于滑雪运动，从而培养这些青少年对滑雪运动的兴趣，是北京冬奥申委正在关注的问题。

C 对南极地区海冰融化现象在南极上空大气运动过程的认识，就必须扩大科学考察区域，加强科研观测精度，改进实验设计方法。

D 各级各类学校应高度重视校园网络平台建设，着力培养一批熟悉网络技术，业务精湛的教师，以便扎实有效地开展网络教育教学工作。

59. A 他以瑰丽的语言，优美的表达技巧，深刻感人的情愫，在诗中表达了人民群众对美好生活的渴望。

B 调查组经过仔细调查研究，认为是他未按组委会决定把比赛日期告诉给对方，以致产生了误会。

C 今天中学小礼堂里座无虚席，校长、副校长和其他学校领导都出席了这届迎新会。

D 世博园里人流如潮，在一阵推挤之后，妹妹找不到爸爸妈妈心里很着急。

60. A 上海交响乐迷中近六成的人士收入并不丰厚，难以承受百元甚至数百元的高价票。

B 本店热忱为各位旅客服务，欲购买车票、飞机票、船票者请到一楼服务台咨询详细情况。

C 他走了一个多钟头了。

D 在病中的她仍没忘记被造反派抄去的她同"李先生"的300多封家信。

第二部分

第 61-70 题：选词填空。

61. 长江流域，无疑也是中华民族文化的_____之一。考古发现_____，旧石器晚期时代处于长江上游今云南境内的元谋人，与黄河流域今陕西境内的蓝田人_____。这个结论具有划时代的意义。

A	发源地	表现	生存
B	发祥地	证明	并存
C	发明地	表示	存在
D	发现地	表达	留存

62. 人类正面临着全球变暖的挑战。联合国的一份报告向我们描述了气候变化产生的灾难性后果：森林_____和沙漠扩大，将使非洲成为受影响最广的地区；热带流行的疟疾和寄生虫病将向北_____，使欧洲出现流行病；地中海地区由于严重缺水会半沙漠化，滑雪运动在欧洲将_____。

A	减少	侵蚀	销声匿迹
B	灭绝	扩张	无所事事
C	消失	蔓延	荡然无存
D	扩张	延展	不复存在

63. 寄生植物_____，它是靠获取寄主的养料和水分来_____自己。许多寄生植物叶片的形状和寄主大致相似，便于鱼目混珠，而且抢占高枝，抢占向阳的位置，虽然毫无根底也要_____，出尽风头。

A	名存实亡	保养	装腔作势
B	名副其实	领养	装模作样
C	顾名思义	养活	虚张声势
D	名扬千里	养育	声势浩大

64.咬文嚼字有时是一个坏习惯，_____这个成语的含义通常不是很好。但是在文学上，无

论阅读或写作，我们_____有一字不肯放松的严谨。文学借文字_____思想情感，文字上面有含糊，就显得思想还没有_____，情感还没有凝练。

A	所以	必须	表现	透彻
B	虽然	必要	展现	彻底
C	尽管	一定	表示	透明
D	即使	需要	表达	精确

65.那天夜晚，他抱着吉他即兴演唱了几支歌，脸上是_____的表情，像孩子那样快乐，像农夫那样淳朴。我_____一次感受到，好的男子汉本质上都是农夫，朴实、宁静、沉浸于自己的园地，_____那是音乐、绘画_____书籍。

A	陶醉	不止	不管	还是
B	喝醉	只有	如果	或者
C	沉浸	仅仅	虽然	但是
D	沉醉	经常	即使	也

66.尽管网络给人们带来了种种问题，但它并不可怕，网络不会_____人类的进步，它开辟了一条挑战与机遇、艰辛与希望、发展与理想并存的_____。网络归根到底还是人的创造，不能单单从技术的角度来理解网络，网络给人类带来的_____是幸福还是灾难，_____取决于人类自己，而不是网络技术本身。网络是一种非常有用并见实效的工具，人人都可以利用，就看怎样去利用它。

A	限制	路径	果然	终于
B	制止	道路	究竟	最终
C	停留	马路	不管	结果
D	滞留	路线	如果	结束

67.在我们赖以生存的绿色星球上，_____着几块色彩斑斓的陆地，那是地球上的五大洲，在陆地中间_____着辽阔的蓝色水域，那是地球的四大洋。这里有生命_____，生物活跃在多彩的生态系统中，它们_____这个星球以绿色的情调和生命的意义。

A	嵌入	填充	留存	呈现

B	布满	充足	生活	给予
C	进入	覆盖	生存	馈赠
D	镶嵌	充盈	存在	赋予

68. 周国平说，我不认为读书可以成为时尚，并且对一切成为时尚的读书持_____态度。读书属于个人的精神生活，_____是非常个人化的。可以成为时尚的不是读书，而是买书和谈书。譬如说，在媒体的_____下，某一时期有某一本书特别畅销，谈论它显得特时髦，插不上嘴显得特_____。

A	怀疑	必定	影响	落伍
B	疑问	决定	指导	退伍
C	提问	一定	批评	落后
D	疑惑	必须	讨论	衰退

69. 物质生活越是发达，人们越是需要用哲学的方式思考，_____哲学总是_____着智慧的光芒，可以帮助人们避免_____，从而建立起独立而正确的价值观。回归经典是走近哲学的一种好方式，可经典往往晦涩难懂，让人_____。我们需要的是像《哲学的迷途》、《哲学的底色》等既通俗又接近哲学原义的_____。

A	因为	散发	随波逐流	望洋兴叹	著作
B	即使	散步	随心所欲	叹为观止	名著
C	虽然	分散	三心二意	自愧不如	作品
D	尽管	消散	一心一意	望尘莫及	图书

70. 这里有一座高塔，攀登_____没有任何困难，而在每一级上，从塔上的瞭望孔望见的景致都足够_____，每一件事物都是新的，_____近处或远处的事物都会使你_____。但越往上走，攀登越_____，所以我们要学会坚持。

A	本体	扣人心弦	只要	望而生畏	快乐
B	自身	沁人心脾	既然	动人心弦	艰辛
C	本身	赏心悦目	无论	流连忘返	困难
D	自己	荡气回肠	如果	引人入胜	困苦

第三部分

第 71-80 题：选句填空。

71-75.

那年我经过一个度假村，见一大群孩子围着一辆高档轿车，个个伸长了脖子往里面张望。轿车旁边一身名牌西服的男人焦急地对大伙喊："(71)_____？"原来他的车的油路出了问题，从度假村游玩出来，漏出来的油已经淌到了车身外，这里离最近的加油站也有上百公里，难怪他急得像热锅上的蚂蚁。

他身旁那位打扮妖艳的女子说："看把你急的，重赏之下，必有勇夫！"于是他赶紧掏出一张百元大钞："谁帮我拧紧，这钱就是他的了！"我身边的小伙子动了一下，却被他的同伴拉住了："(72)_____！"

这时只见一个小孩走了过去，说："我来吧。"操作很简单，小孩在那人的指挥下一分钟不到就拧好了，爬出来他就用期待的眼神看着那人。男人刚想把那百元钞票递给小孩，却被女人呵斥住了："(73)_____？给5块钱已经够多了！"

男人从女人手里接过零钱递给小孩，小孩摇了摇头。听见人群中的欷歔声，男人又加了5块，小孩子还是摇头，男人有点生气了："(74)_____？再嫌少，这10块钱也不给你啦。"

"不，我没有嫌少，我的老师说，帮人是不要报酬的！"男人蒙了："那你怎么还不走？"

小孩说："(75)_____！"

A 有钱人的话，信不得的

B 你还真打算给他一百啊

C 你们谁帮我爬进车底拧一下螺丝啊

D 我在等你跟我说谢谢

E 你嫌少

76-80.

大同云冈石窟是我国最大的石窟之一，与敦煌莫高窟、洛阳龙门石窟和麦积山石窟并称为中国四大石窟艺术宝库。它位于山西省大同市以西16公里处的武周山南麓，依山而凿，(76)_____，气势恢弘，内容丰富。现存主要洞窟45个，大小窟龛252个，造像5万1千余尊，(77)_____。

云冈石窟也是世界闻名的石雕艺术宝库之一。已成为国内各界人士参观游览的重要场所，也是国际友人倾慕和向往的旅游胜地。在这绵延一公里的石雕群中，雕像大至十几米，小至几公分，巨石横亘，石雕林立，蔚为大观。他们有的正襟危坐，栩栩如生，(78)_____，或击鼓或敲钟，或手捧短笛，或怀抱琵琶，悠然自得，笑迎游人。这些佛像、飞天、赞助者、供养人的面貌和衣饰上，都留有古代劳动人民的智慧与勤劳。这些佛像与乐伎刻像，还明显地流露着异域色彩。(79)_____，吸取、融汇了印度艺术及波斯艺术的精华，这是我国古代人民创造性劳动的智慧结晶，也是他们与其它国家友好往来的历史见证。

石窟雕塑的各种宗教人物形象神态各异。在雕造技法上，继承和发展了我国秦汉时期艺术的优良传统，又吸收了其他国家艺术的有益成分，(80)_____，对研究雕刻、建筑、音乐、宗教都是极为珍贵的资料。

A 代表了公元5至6世纪时中国杰出的佛教石窟艺术

B 有的载歌载舞，神采飞扬

C 创建出云冈独特的艺术风格

D 东西绵延约一公里

E 在我国传统雕刻艺术的基础上

第四部分

第 81-100 题：请选出正确答案。

81-84.

一个男人来到一家婚姻介绍所，进了大门之后，又见两扇小门。一扇门上写着：美丽的；另一扇门上写着：不太美丽的。男人推开"美丽"的门。迎面又是两扇门。一扇写着：年轻的；另一扇写着：不太年轻。男人推开"年轻"的门。迎面又是两扇门。一扇写着：善良温柔的；一扇写着：不太善良温柔的。那人推开"善良温柔"的门。又是两扇门。一扇写着：有钱的，另一扇写着：不太有钱的。男人推开"有钱的"门。

这样一路走下去，男人推开过美丽、年轻、善良温柔、有钱、忠诚、勤劳、文化程度高、身体健康、有幽默感等九道门。当他推开最后一个门时，门上写着一行字：您追求的过于完美了。这时已没有再完美的了，请您到大街上去找吧！

这个幽默的故事并不只是讲婚姻的，也是讲人生的追求。在世界上，十全十美的东西是不存在的。完美只能是一种憧憬，一个向往；只能是生活的一个过程和体验。其实，很多时候，我们无需去追求完美，只需纯洁、平静、真实。在许多时候，我们追求的所谓完美，只是一个美丽的错觉。当我们抛开完美的追求，或许就会赢得朴实而永久的幸福；当我们微笑着打开窗户，我们会发现，一切完美，就如墙角那株小草，那么真实、平静、纯洁。

81. 根据第一段，可以得知什么信息？

  A 男人喜欢长相一般的人   B 男人喜欢年轻的人

  C 男人很富有   D 男人长得很帅

82. 关于男人，下列哪项说法错误？

  A 他去了一家婚姻介绍所   B 他喜欢善良温柔的人

  C 男人追求完美   D 男人在婚姻介绍所找到了爱人

83. 关于完美，下列哪项说法不正确？

  A 完美的东西是不存在的   B 完美是一种憧憬

  C 完美是生活的一个过程和体验   D 必须要做到完美

84. 文章想告诉我们什么？

  A 结婚要趁早   B 相亲不可靠

  C 无需去追求完美   D 大街上能找到爱人

85-88.

电视台正在播放一档新节目,名为《超越极限》。参赛者被选中后,须在规定时间内吃掉一盘让人毛骨悚然的食物——活的蚯蚓、蜘蛛、虫子……。那期节目尝试者很多,但到最后竟无一人过关。

妻说:"换了我,我也无论如何吃不下去,真恶心呢。""那要是给你很多钱呢?"我故意问,"比如说两万,你敢不敢吃下去?"妻毫不犹豫地摇头。"两万太少,要是两千万呢?你吃不吃?"妻想了一会儿,仍摇头:"确实诱人。但要真吃下那盘东西,我想我下半辈子再也吃不下任何东西了。生无乐趣,要那些钱有什么用?"我说:"如果发生灾难,不幸被压在石堆下,无食无水,我想那时候任何人都吃得下去了。"妻说:"也许那时我会吃吧,求生的本能会战胜一切恐惧和恶心。""所以说想要超越极限,必须将人置于死地,否则人的潜能就不会发挥到极致。"我得意地做总结。

妻沉思着。良久,她开口:"只有在一种条件下,我一定会将它整盘吃下去,毫不勉强,心甘情愿。"我问:"什么条件?"妻说:"如果能让父亲回来。"妻的父亲去年因肝癌去世,妻陪伴数月,用尽所有办法,却眼睁睁看着老人离去。那是妻心口永远的痛,时至今日,每每午夜梦见,泪湿枕巾,常说又见到父亲笑容依旧。"如果能让父亲回来,那算得了什么呢?"妻的眼圈红了。我听着妻的话,一颗心不由得被深深震撼了。原来,许多时候,能让我们超越极限的力量,不是名利,不是财富,甚至连自己的生命都不是,而是在血管里涌动、一次次漫过心底的爱啊!

85. 关于《超越极限》,我们能知道什么?

　A 这是一档旅游节目　　　　　　　　B 这是一个电视剧

　C 这个节目过关的人很多　　　　　　D 这个节目会让人吃可怕的食物

86. 关于第二段,可以知道什么?

　A 妻子觉得节目里的食物好吃　　　　B 如果给两万,妻子能吃下可怕的食物

　C 如果给两千万,妻子能吃下可怕的食物　D 如果有灾难,求生本能会让妻子吃可怕的食物

87. 关于妻子的父亲,可以知道什么?

　A 她的父亲还健在　　　　　　　　　B 她的父亲会吃下可怕的食物

　C 她父亲的肝癌治好了　　　　　　　D 她的父亲已经去世了

88. 从最后一段中,我们能知道什么?

　A 没有方法让妻子心甘情愿吃下可怕食物　B 妻子的父亲从外地回来了

　C 妻子很想念逝去的父亲　　　　　　D 妻子对父亲没什么感情

89-92.

早就听说"匡庐奇秀甲天下"。慕名前往庐山,一览奇观!

庐山的瀑布真净啊!那纯洁的颜色,那透明的水流,那晶莹的浪花,把在场的每一个人都看得目瞪口呆;庐山的瀑布真响啊,那震耳欲聋的声音,就算你捂住耳朵,也会觉得非常响,就像有一只鼓在你的耳边起劲地敲打着;庐山的瀑布真秀啊!它仿佛是仙女用神布织的白色绸缎,轻软、美丽又柔和。不禁幻想着伸手去触摸到了这块光滑的布,真是如梦如幻啊!

庐山有名的不仅仅是瀑布,还有那变幻无常的云雾。庐山的云雾真是秀丽!它把庐山遮挡住,朦朦胧胧地露出一个小角。庐山的云雾真是千姿百态!那些笼罩在山头的云雾,像是戴在山顶的白色绒帽;那些缠绕在半山的云雾,又像是系在山腰间的一条条腰带。庐山的云雾真是瞬息万变!刚刚还是可爱的小鱼儿呢,一眨眼就变成了威武的狮子!你说神奇不神奇?

空中的云雾、山上的瀑布、峰间的奇松怪石、路旁的绿树红花,各个景物和谐地融合在一起。置身在这<u>美仑美奂</u>的人间仙境之中,不禁让人联想起张继的诗句:花映新林岸,云开瀑布泉。

89. 上文的主题是?

　　A 庐山　　　　　　　　　　B 庐山云雾

　　C 庐山瀑布　　　　　　　　D 庐山兔子

90. 根据第二段内容,下列哪项不是庐山瀑布的特点?

　　A 香　　　　　　　　　　　B 净

　　C 响　　　　　　　　　　　D 秀

91. 第三段主要表达的是?

　　A 庐山瀑布很有名　　　　　B 庐山有很多奇松怪石

　　C 庐山云雾很美丽　　　　　D 庐山瀑布很好看

92. 最后一段划线词语使用错误,应改为?

　　A 山清水秀　　　　　　　　B 至善至美

　　C 海阔天空　　　　　　　　D 杨柳依依

93-96.

自古以来，中国就有"民以食为天"的说法。中国人在饮食上追求美感与愉悦，讲究色、香、味、形俱佳。中国饮食不仅内容丰富，其背后蕴含的文化也非常丰厚。中国疆域辽阔，地形多样，加上气候多变，这就为中国人的饮食提供了大量的动植物原料，并形成了汉民族的基本饮食结构特征：以粮食作物为主食，以丰富的动植物作为副食。米食和面食是汉族主食的两大类型。南方因气候湿热，多种植稻类，故以米食为主；北方气候相对干冷，多种植小麦，则以面食为主。

与丰富的主食相对，作为副食，中国菜肴在长期烹饪中出现了许多流派，并形成不同类型的地方菜系。其中，粤菜、川菜、鲁菜、淮扬菜、浙菜、闽菜、湘菜、徽菜被称为"八大菜系"。不同的菜系，其口味具有很大的不同。过去，人们常把中国人的口味概括为南甜、北咸、东辣、西酸。此说在一定程度上道出了我国饮食文化的地区差异，也反映了人们的口味与地理环境存在着相应的联系。譬如，喜辣的饮食习俗多与东部地区气候潮湿有关，经常吃辣可以驱寒祛湿；过去新鲜的蔬菜在北方是罕见的，人们习惯把菜腌制后慢慢食用。这样，北方大多数人就养成了吃咸的习惯。

近年来，随着经济的快速发展和生活水平的不断提高，人们在吃的方面已不满足于吃饱、吃好，而是对"吃什么"和"怎么吃"讲究起来。显然，<u>这已不单单是为了满足食欲而吃的时代了</u>。

93. 与上文相符的标题是？

A 民以食为天　　　　　　　　　　B 有福同享，有难同当

C 食色性也　　　　　　　　　　　D 寸金难买寸光阴

94. 以下哪项不是第一段中提到的内容？

A 米食和面食是汉族主食的两大类型　　B 中国饮食内容丰富，而且蕴含文化

C 中国菜肴有很多流派和地方菜系　　　D 中国辽阔的疆域提供了大量动植物原料

95. 以下哪项与上文不符？

A 有名的八种菜系合称为"八大菜系"　　B 经常吃辣可以驱寒祛湿

C 北方常有新鲜蔬菜　　　　　　　　　D 南方因气候湿热，以米食为主

96. 文中最后一句划线句子表达了什么含义？

A 人们继承了祖先们的传统精神　　　　B 人们对饮食文化有了更高的追求

C 人们还和以前一样是为了吃饱而吃　　D 饮食文化还有很多值得学习的地方

97-100.

竹楼是傣族传统的建筑形式。傣族人居住区地处亚热带，气温高，据说竹楼有利于防酷热和湿气，因此，傣族人家至今依然保持着"多起竹楼，傍水而居"的习惯。

傣族村寨多则二三百户，少则一二十家，都由一幢幢别致的竹楼组成。村边有防护林带。每家竹楼四周，都用竹篱围着。篱内种植着各种花木果树。可谓"树满寨，花满园"。竹楼下有较大的空地作院子。每幢竹楼呈正方形，分上下两层，楼上住人，楼下关牲口、堆柴禾。竹楼由20至24根柱子支撑。屋内横梁穿柱，有的横梁上雕刻着花纹。离地七八尺处铺楼板或竹蔑，将楼房隔为两层。

如果你到傣家做客，走进竹篱，登上梯子，便来到屋外的走廊。进门，是一间宽大的堂屋，中间铺着一大块竹席，这是全家人活动的中心，也是招待客人的地方。两侧是用木板或竹蔑隔成的卧室，外人是不能入内的。傣家竹楼建筑结构一般比较简单，但十分宽敞，别致美观。室内通风也很好，坐在室内，只觉清风徐来，花果飘香。

建造竹楼，是傣家生活中的一件大事。按照传统习俗，先要选好地方，打好地基，再立柱架梁。一幢竹楼最主要的是中柱。中柱一般是8根。选择中柱是件严肃而隆重的事情。中柱从山上运进村寨时，大家都前去迎接，并泼水祝福。傣族还有个风俗：一家盖房，全村帮忙。新楼落成时，还要举行"架竹楼"仪式。这时候，全寨子的人蜂拥而至，喜气洋洋，像过节一般热闹。同时还要请"赞哈"唱"贺新房"的曲子，据说这样才能吉祥、平安，家道兴旺。

97. 上文的主题是？

    A 傣族传统建筑——竹楼　　　　　　B 中国的傣族文化

    C 傣族人居住的地区分布　　　　　　D 中国的少数民族文化及分布

98. 以下关于傣族的各项中与上文不符的是？

    A 傣族人居住区地处亚热带　　　　　B 傣族村寨多则二三百户，少则一二十家

    C 建造竹楼，是傣家生活中的一件大事　D 傣族的风俗是一家盖房，大家都不帮忙

99. 关于竹楼的内容，与上文不符的是？

    A 每家竹楼四周，都用竹篱围着　　　B 竹楼有利于防酷热和湿气

    C 楼上关牲口、堆柴禾，楼下住人　　D 竹楼分上下两层

100. 第一段中划线字"傍"是什么意思？

    A 利用；使用　　　　　　　　　　　B 疏远；远离

    C 由于；因为　　　　　　　　　　　D 靠近；临近

三、书写

第 101 题：缩写。

（1）仔细阅读下面这篇文章，时间为 10 分钟，阅读时不能抄写、记录。

（2）10 分钟后，监考收回阅读材料，请你将这篇文章缩写成一篇短文，时间为 35 分钟。

（3）标题自拟。只需复述文章内容，不需加入自己的观点。

（4）字数为 400 左右。

（5）请把作文直接写在答题卡上。

    刚毕业的半年，开始为可以不必仰父母的鼻息而感到新鲜，但很快日复一日枯燥琐碎的工作，以及经济的压力就还使我产生了厌倦。我有些沮丧，并且对未来感到迷惘：难道 16 年寒窗苦读，迫不及待地想融入社会，就是为了过这样的生活？

    我写信向母亲抱怨："我觉得自己整天为钱奔波，看上去似乎是金钱在维持生活的运转。它让我的生活成为了一个循环怪圈，觉得疲惫、紧张，而且不快乐。天哪，你们是怎样度过这几十年来为它受奴役的日子的，反正我快熬不下去了。"

    我在信末把"财政赤字"列入清单，以证明我并不是挥霍无度的孩子。

    每月计：房租（与人合租）500 元、伙食 500 元、水果 300 元、衣服与化妆品 500 元、健康保险 500 元、交往人情 500 元、电话费和上网费 200 元、短期旅游支出 800 元。收入 3500 元-支出 3800 元 = -300 元。

    母亲很快就回信了，只有一张纸。"孩子，我相信你并没有乱花钱，可是你需要它们，这对你产生了压力。但何必沮丧呢？在产生负数时，你并未只打电话回家要钱，你用业余写作的稿费来补贴自己，自食其力，你处理得很棒。我和你父亲为你骄傲，你已经长大了。还有，孩子，金钱并不是维持生活运转的全部。最好的东西也不是只有用金钱才能得到。换一种心态，你会发现快乐就在琐事中。"

    她也随附了一张清单给我。

    "关于房租，一个友好的舍友给你增长的见识和帮助，免费的！

    关于伙食，自己动手烹调可以节省大量开支，而带来的成就感，免费的！

    关于水果，买水果路上可以欣赏街头美景，与人们交流生活经验，免费的！

    关于保险，为自己健康投资养成的消费好习惯，免费的！

关于交往，认识新朋友，遇见老朋友的好心情，免费的！

关于旅游，有些贵，但你可以增长见识，锻炼身体，呼吸新鲜空气，

幸运的话可以看见美丽的景色，免费的！

打电话，如果你有什么烦恼，打回家吧，

要知道，我和你爸永远都关心你，支持你，我们对你的爱，也是免费的。"

<HSK 6급 실전 모의고사 2> 본문

1. 听力 듣기

第一部分 제1부분

第1到15题，请选出与所听内容一致的一项，现在开始第1题：

1. 在太空中，由于没有重力，人虽然能够产生眼泪，但眼泪是流不出来的。如果眼泪堆积，最后就会在眼睛中形成一个大水球。这是非常危险的，如果液体体积较大，容易引发空间站或电气设备的危险。所以宇航员在太空中，一旦有了眼泪，就要尽快用毛巾吸干。

2. 课堂上，老师布置了一篇作文。题目是：什么叫懒惰？晚上，老师在灯下批改作文。当他翻开杰克的作文本时，发现第一页是空白的，接着，第二页也是空白的，只是到了第三页，才见到了一行字：这就叫懒惰！

3. 所谓冷门知识，就是角度特别甚至有些奇怪，不常被人提起，但又充满趣味性的知识。其实这些冷门知识就在你的周围，只是因为你没有留心才将其忽略。不过，一旦试着去了解，你就一定能够感受到惊喜，并产生一种大开眼界、豁然开朗的感觉。

4. 走几处名胜、拍几张照片后走掉，那谈不上旅行。最低的条件应该是住上一段时期，懂得几个单词能够在市场买菜时讨价还价，会搭乘公车或地铁，交上几个朋友。那么，你可以自豪地说："这地方我去过。" 旅行不是全部要靠钱，时机和缘分很重要。

5. 在当今合群经营的商业社会中，已经没有了一个"我"字。公司一上市，连做老板的也是领薪，做得不好随时被股东们抛弃，哪儿来的我、我、我？生意做得越大，越知道人才会为你带来财富，而常把"我"字变成口头禅的家伙，将会给公司带来祸害，一定要小心。

6. 在一个地方住久了，就有所谓的人脉了。像一片树叶中的脉络，我们认识的人也布满了整个社会，是多年积累下来的关系，只要一个电话，就可以找到需要的人帮忙。中途移民，这些人际关系又得重新建立，的确很烦。这是到陌生地方最不便的事。

7. 原子之所以如此有用，是因为它们数量众多，寿命极长，而之所以难以被察觉和认识，是因为它们太小。原子有三个特点——小、多、实际上不可毁灭——以及一切事物都是由原子组成的。

8. 潜水面具是1823年英国人迪恩设计的，一开始并不用于潜水，而是用于救火。它被称为"救火防毒面具"。但是，迪恩很快发现，消防员不愿意戴那种很不灵活的玩意儿。为了挽救他的投资，迪恩在水下试了试，发现用于海上救助工作倒是很理想。

9. 哪里都有水。一头牛74%是水，一个细菌75%是水。一个西红柿95%是水。连人也65%是水，因此我们身上的液体和固体之比差不多是2：1。水是一种古怪的东西。它没有形状，晶莹透明，然而，我们渴望待在它的身边。它没有味道，我们却爱尝尝它的味道。

10. 药剂师走进一家书店，随手从书架上拿起一本书，问书店的老板："这本书有趣吗？"书店的老板认识这位药剂师，他回答道："不知道，没读过。""天啊！你怎么能卖你自己都没读过的书呢？""难道你能把你药铺里的所有药都尝一遍吗？"书店的老板问。

11. 科学研究证明，蜂蜜是一种不会腐败变质的食品。比如，考古学家在埃及金字塔中发现了一坛保存完好的蜂蜜，经过鉴定该蜂蜜已经保存了3300多年，可是却一点儿都没有腐败变质，仍然符合食用标准。由此可见，好蜂蜜并没有严格的保质期。

12. 一位老太太推着外孙在超市转。每次把东西放进购物车时，她都会说："这是为你买的，毕业证。"或者说："这套衣服很适合你，毕业证。"旁边一位听到她说话的顾客忍不住问道："你为什么一直叫这孩子毕业证呢？"老太太说："我送女儿去了大学，这就是她带回来的！"

13. 传说在4000多年前的一个晚上，一个埃及奴隶为主人做饼，饼还没有烤好，他就睡着了，炉子也灭了。到了半夜，生面饼发酵膨大了，奴隶一觉醒来，发现生面饼比昨晚大了一倍，连忙把面饼塞回炉子里。结果没有想到，塞到炉子里的饼竟然烤得又松又软。这就是最早的面包。所以人们说"埃及奴隶睡着了，面包发明了"。

14. 在卡塔尔，喝酒是被禁止的。当然，这并不意味着喝酒违法，而是说只有具备相应执照的餐厅和酒吧才有资格售酒，且前来买酒的人也必须要持有政府颁发的喝酒执照才可以。如果在公共场所随意饮酒是违法的。同时，酒在原则上也仅限于非穆斯林购买和饮用。

15. 一只羽毛球是由16根羽毛做成的。品质较好的比赛用球都是用天然鹅翎制成的。羽毛球对翎毛的要求很高，一只羽毛球的翎毛，必须出自鹅的同一侧翅膀。一只鹅左右翅大概可以各出10根翎毛。

第二部分 제2부분

第16-20题是根据下面一段采访：

女：你们TFBOYS组合的成名曲正好叫《青春修炼手册》。你觉得青春需要修炼吗？

男：当时唱这首歌的时候，我只有十二三岁，也完全没有理解歌曲的意思。到现在我十六岁了，我觉得这几年来，就是我们青春的修炼。

女：怎么样来修炼自己呢？

男：比如说我会特别关注网上对我的评论，哪里做得好，哪里做得不好。但是慢慢地我就发现，不管是和别人比较，还是通过外界的反馈带给我的一些虚荣，我觉得都不重要，重要的可能是要丰富自己。不可能让所有人都喜欢你，这是很正常的事情。

女：就是不以不理智去回应不理智。其实我觉得步入青春期，有一个很重要的标志，就是自我

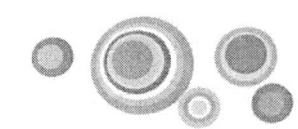

意识变得格外强烈——我是谁，我要怎么样。你也会吗？

男：会啊，我觉得如果让我去换别人的青春，我不愿意；我就是我，我要活出我自己的样子来。

女：在过去这几年当中，演出会影响到你的学业吗？

男：会。有一次模拟考试，750分满分，我考了200分，那时候离中考还有一个多月。后来，经过最后一个月的准备，我还是通过自己的努力考上了心仪的高中。

女：你很厉害啊，就一个月的突击，就把整个考试都应付下来了。是不吃、不喝、不睡吗？

男：没有。不论多累，都得吃好、喝好、睡好。不过，我当时确实挺紧张的，觉得所有人都看着我，不能考太差，于是就一直补课。那段时间虽然课业比较繁重，但还挺快乐的，因为我和同学待在一起。我们在做一样的事情，在为同一个目标奋斗。

女：你觉得哪一种状态你更喜欢呢？单纯做一个学生和同时做学生和明星？

男：我都喜欢。其实在学校，我喜欢的是和同学在一起，一起学习、一起成长的过程；当明星，我追寻的是自己的梦想。

女：我想青春之所以值得羡慕，是因为你们年轻人还有很长的一条路可走，可以努力去实现自己的梦想。但是也要做好充分的思想准备，没有一条青春的道路是平坦的，没有一条道路是只有鲜花而没有荆棘的，没有一条道路是只有阳光而没有阴雨的。所以我也希望你们变得更勇敢、坚定、自信！

16. TFBOYS组合的成名曲叫什么？
17. 男生在唱成名曲时是多少岁？
18. 男生的一次模拟考试考了多少分？
19. 男生在一个月的突击备考中用了什么办法考上了心仪的学校？
20. 关于男生，下列哪项说法正确？

第21-25题是根据下面一段采访：

男：这期嘉宾是张小娴。爱情的味道，实在一言难尽。很多人会好奇，作为擅长写爱情小说的女作家，你自己的爱情是什么样的？

女：写作跟现实生活当然有密切的关系，但是写作它毕竟是一个创作吧。感情生活，我就觉得是挺平静的一种生活。现在的女性都比较独立、主张自我，我觉得现在的男士要跟一个女生在一起也不容易，其实最美好的爱情就是，两个"自我"都可以相互包容。

男：你跟你现在的男友认识很久了，对吗？超过二十年的爱情，那怎么样来保鲜呢？

女：我觉得爱情保鲜都不是说你要对方重视什么，你希望对方改变什么，最重要的还是你自己吧。你不停地进步，你不停地让自己变得优秀一点，我觉得这个就是为爱情保鲜。

男：爱情的味道一定不只是甜蜜的，它还有很多很苦的味道，比如求而不得。你在很年轻的时

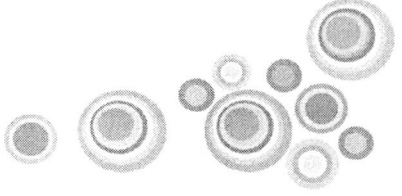

候,是不是也被伤害过、离开过某个人?

女:恩。。。。。。其实现在回想起来,当时有点不是太了解爱情,也就会有不开心分手的时候。不

适合的人,早一点分开也挺好的。当你年轻时,你觉得爱情可能是你人生的全部,但是慢慢你发现,爱情它其实不是人生的全部,它可能是让我们流了最多的眼泪,可能花了我们很多的青春,但是它终究不是人生中最重要的一部分。我觉得很多女孩子,如果用她花在爱情上的时间、努力去做其它的事情,去做她的工作,去努力她自己的人生,我觉得她的成就可能更大一点。

男:对,所以说你没有把婚姻看作是自己的最后一个归宿,是吗?

女:我常常想,归宿是不是一定是婚姻,或者是一个男人的怀抱,其实,人生的归宿就是我要找到人生的意义是什么。我觉得,到最后归宿还是你自己决定的。

男:你写过的60本书,每一本都和爱情有关,你能跟我们说说你心里的爱情,到底是什么样的味道?

女:我觉得从年轻到老,味道一直在变。比方我爸爸妈妈很年轻的时候,因为爸爸常常在外面喝酒,他们可能就常常吵架,但是到老了之后,他们感情也挺好的。医生宣布我妈妈有癌症的时候,因为挺严重,差不多是末期了,我爸爸当场就哭了。后来,我妈妈做手术,都是我爸爸亲自去照顾她,煮饭给她,然后也很迁就她,我妈妈脾气其实也挺大的,尤其是生病的时候,后来每一年去扫墓,去拜祭我妈妈的时候,爸爸在她的墓前还是会哭。我觉得爱情到最后慢慢变成了一种恩情吧,一种长久的感情。

21. 女士与现在的男友认识多久了?
22. 女士擅长写什么类型的小说?
23. 女士写过多少本书?
24. 女士的妈妈做手术,是谁亲自去照顾他?
25. 关于女士,下列哪项说法正确?

第26-30题是根据下面一段采访:

女:这位是著名的建筑设计师徐先生,请问您什么时候创办这家公司的?最初创业动机是什么?

男:最初创办这家公司是在1997年,当时想创办公司是因为找到一个商业动机,那时建筑装饰行业刚兴起不久,人才需求量极大,而入门起点也比较低。

女:您大学学的也是室内设计专业吗?在校期间是否有过相关实习?毕业后是不是直接去的室内装饰公司呢?

男:嗯,起初是学的建筑学。在校期间有过短期的实习,那时不像此刻这样实习的机会很多。毕业后是学校分配的,刚开始是在一家建筑学院做些基本的工作。

女:平常在工作方面,您每一天都做些什么工作呢?经常需要跑家具、材料市场和施工现场吗?

男：平时在工作方面，基本上什么都做吧，虽说是公司老总，但这毕竟还属于小私有企业，许多东西还是要自我动手。比如各类图纸的处理，与客户谈判沟通。同时也要经常去工地，跑材料市场，了解最新材料。

女：你们公司对员工的要求如何？对于新员工，一般是安排什么样的工作？会进行培训吗？

男：一般来说，要求也不是很高，只要你肯认真做事，用心完成任务也就好了。员工刚来公司时，通常不会进行专业的培训，有什么不懂的能够互相之间交流。一般会做些基本的工作，比如绘图，量房，打电话，跑下业务之类的。

女：据网上了解，目前大学生的综合素质普遍有所下降，您认为学生就应从哪些方面进行培养才能更好地提升大学生的素质？

男：多看些人文素养方面的书籍啊，学一学心理学，没事呢听一下与品性相关的讲座，然后就是要多到外面走走，多与人打交道，学会沟通技巧。

女：很多求职者选择进什么样的公司，一般会思考进一家公司是否有比较好的发展前景。我想问一下从事这份工作的人的发展前景或晋升机会如何？大概薪资怎样呢？

男：虽然目前这个行业有较大的竞争力，但总得来说，发展前景还是不错的，入了行的，通常薪资就都还不错。现在大学生实习机会较多，只要专业扎实，其他各方面素养也行，未来还是相当不错的。

26. 男士什么时候创办的公司？
27. 男士在大学里学的是什么专业？
28. 男士的公司对员工的要求是什么？
29. 男士认为学生应该多看什么方面的书籍来提升个人素养？
30. 关于男士，下列哪项说法正确？

第三部分 제3부분

第31到50题，请选出正确答案。现在开始第31到34题：

第31到34题是根据下面一段话：

在一片大沙漠里，一位父亲正带着他的孩子们去捕捉骆驼。当他们到达目的地后，父亲问大儿子："你看到了什么？"大儿子环顾四周后回答："蓝天、白云，还有一望无际的沙漠，还有沙漠上的骆驼。"父亲听完，不置可否，继续问老二："孩子，你看到了什么？"二儿子也四处看了看，说："蓝天、白云、沙漠，还有沙漠上的骆驼和我们这些行人。"父亲依然不置可否，继续问老三："儿子，你看到了什么？"只见这孩子看着远方，只说了两个字："骆驼。"父亲高兴地摸摸老三的头说："你说得好，我们就是来找骆驼的。"

三个孩子中,只有老三没有忘记这次来的目的。那么老大和老二则因为关注的信息太多了,反而分散了对目标的关注。一个人闭上眼睛,一分钟后睁开眼睛,回忆一下你这一分钟有多少个念头闪过。

我们惊异地发现,有的人这一分钟之内有几十个甚至几百个的念头闪过,而念头少的人至少也有3-5个。一分钟就会产生这么多的念头,而停下来思考就更不用说了。我们要在这么多的念头中理清思路,看清真相真是一件不容易的事情。因为关注太多而忘记目标的事情,在我们的工作中屡见不鲜。很多人因为要做个汇报,于是罗列了大量的数据,做了很漂亮的PPT,最后却忘记了自己做这些的目的。

31. 父亲一共有几个孩子?
32. 父亲带着孩子去了哪里?
33. 关于三儿子,说法正确的是哪项?
34. 这篇文章想告诉我们什么?

第35到37题是根据下面一段话:

张英是清朝的大学士兼礼部尚书,安徽人,张家与吴家是邻居。有一年两家都想要建造新舍,因为宅基地而发生了争吵。张夫人便写了一封家书给张英,想让张英出面调解。张英看完书信后,作诗一首劝导夫人:"千里家书只为墙,再让三尺有何妨?万里长城今犹在,不见当年秦始皇。"张夫人明白书信里的意思,于是主动退让三尺。吴家看到后,感到很惭愧,也主动退后三尺。两家院墙相隔六尺,中间形成了巷道,被称为"六尺巷"。虽然张家失去了祖传的几尺宅基地,却换来了邻里的和睦,因而流芳百世。

35. 张英是哪朝人?
36. 张英是哪里人?
37. 这个故事告诉我们什么?

第38到40题是根据下面一段话:

油锅着火后为什么不能用水灭火?做饭的时候,有时候会因为不小心使油锅着火,这时候,有些人的第一反应是往油锅里倒水。这样做不但不能灭火反而会使火越烧越旺。这是什么原因呢?由于油和水不相溶,倒入水时,会使热油到处飞溅,可能会伤了自己和旁边的人。而且油比水轻,水不但盖不住油,反而会沉到油层下面,起不到隔绝空气的作用,水托着油,使油与空气的接触面积增大,火烧得会更旺,所以不能用水灭火。那么,油锅着火后应该怎么做呢?首先,关闭火源,并迅速用锅盖或湿抹布盖到油锅上,使燃烧着的火焰与空气隔绝,火就会因缺氧而熄灭。另外,还可以向锅里放入切好的蔬菜,使油锅冷却,并最终灭火。

38. 往油锅里倒水会怎么样?
39. 关于油,哪项说法正确?
40. 油锅着火应该怎么做?

第41到44题是根据下面一段话:

小蒋和小周资历差不多，可是小周很快晋升到部门经理。小蒋觉得总经理很不公平，就愤而辞职，并在走之前向经理表达了他的不满。总经理说："你想知道你们之间的差别吗？那么请你马上到集市上去，看看今天有什么卖的。"小蒋很快从集市回来说，刚才集市上只有一个农民拉了一车土豆卖。"一车大约有多少袋，多少斤？"总经理问。小蒋又跑去，回来说有10袋。总经理问："价格多少？"小蒋再次跑到集上。总经理望着气喘吁吁的小蒋说："请休息一会吧，再看看小周是怎么做的。"

说完就叫小周去做同样的事。小周很快从集市回来了，他不但汇报说到现在只有一个农民在卖土豆，有10袋，价格适中，质量很好，并且还带回几个让经理看。这个农民过一会儿还将弄几筐西红柿上市，据他看价格还公道，可以进一些货。他不仅带回了几个西红柿做样品，而且还把那个农民也带来了。总经理说："请他进来。"

这时，小蒋一下子明白了他和小周之间的差异，感到很惭愧。对比的效果就是这样鲜明，有时不费一词，甚至比千言万语更说明问题。其实，人的心理有这样一种特点，单独认识一个事物时，不如把它的对立面也同时列出来，进行比较，效果会更加鲜明。这就是心理学上的"对比定律"。

41. 关于小周，可以知道什么？
42. 关于小蒋，可以知道什么？
43. 关于集市，说法正确的是？
44. 关于农民，下列哪项说法正确？

第45到48题是根据下面一段话：

"你学什么专业的？""神经科学。""喔——好厉害！" 但这人心中多半在嘀咕："神经科学是什么鬼？研究神经病的？"。稍微了解一点的，可能会问，是心理学吗？是哲学吗？通俗一点说，神经科学是一门研究大脑功能的科学，是个跨专业范畴很广的生物医学领域。

无论你是谁，从哪里来，又往哪里去，无论你在不在乎大脑的存在，你与你的大脑都密不可分。你的所有决定、所有情感、所有记忆，都在大脑中生成又在大脑中消失。它至始至终地与你在一起，一起成长，一起老去，无法分离。你与你的大脑之间的关系也是个细细想来会觉得很恐怖的问题。到底是你在控制大脑，还是大脑在控制你呢？当然，这里我并非想提出阴谋论，但不可否认的是，你的所有感知都由大脑经手，你的所有认知都在大脑中生成，你的所有行为都由大脑执行。

45. 什么是神经科学？
46. 关于大脑，可以知道什么？
47. 人与自己大脑之间的关系是什么？
48. 关于作者，可以知道什么？

第49到50题是根据下面一段话：

活在地球上并不那么容易，即使这是唯一可生活的地方。这个星球上只有一小部分是干的，我们可以踩在上面，但其中很大一部分或太热，或太冷，或太干，或太陆，或太高，对我们没有多大用处。必须承认，这在一定程度上是我们自己的过错。

就适应能力而言，我们人类是很没有本事的。像大多数动物一样，我们不大喜欢太热的地方——我们挥汗如雨，很容易中暑，特别吃不起苦。在最恶劣的条件下——在没有水的情况下在沙漠里走路，大多数人会神志昏乱，晕倒在地，很可能再也起不来，总共不消七八个小时。面对寒冷我们也同样束手无策。像所有哺乳动物一样，人类产生热量的本事不小，但是——由于我们身上几乎没有毛——我们保存热量的本事并不大。即使在相当温暖的天气里，也有一半卡路里是用于身体保暖的。当然，在很大程度上，我们可以利用衣服和房屋来弥补这些不足，即使那样，地球上我们愿意或能够生存的地方也相当有限：只占陆地总面积的12%；要是包括海洋在内的话，只占地球表面总面积的 4%。

49. 关于地球，可以知道什么？
50. 关于人类，下列哪项说法正确？

<HSK 6급 실전 모의고사 2> 답안

一、听力

第一部分 답안

1. A	2. B	3. B	4. D	5. A
6. A	7. D	8. A	9. A	10. C
11. D	12. B	13. C	14. A	15. B

第二部分 답안

16. C	17. A	18. B	19. D	20. C
21. D	22. C	23. C	24. A	25. C
26. C	27. A	28. D	29. B	30. A

第三部分 답안

31. C	32. A	33. B	34. A	35. D
36. D	37. A	38. B	39. B	40. C
41. A	42. C	43. C	44. A	45. A
46. B	47. B	48. C	49. C	50. C

二、阅读

第一部分 답안

51. D	52. B	53. D	54. A	55. D
56. A	57. B	58. C	59. D	60. A

第二部分 답안

61. B	62. C	63. C	64. A	65. A
66. B	67. D	68. A	69. A	70. C

第三部分 답안

71. C	72. A	73. B	74. E	75. D
76. D	77. A	78. B	79. E	80. C

第四部分 답안

81. B	82. D	83. D	84. C	85. D
86. D	87. D	88. C	89. A	90. A
91. C	92. A	93. A	94. C	95. C
96. B	97. A	98. D	99. C	100. D

新汉语水平考试

HSK （六级）3

注　意

一、HSK （六级）分三部分：

1. 听力（50 题，约 35 分钟）

2. 阅读（50 题，50 分钟）

3. 书写（1 题，45 分钟）

二、听力结束后，有 5 分钟填写答题卡。

三、全部考试约 140 分钟（含考生填写个人信息时间 5 分钟）。

一、听力

第一部分

第 1-15 题：请选出与所听内容一致的一项。

1. A 两个人在牢房里
   B 两个人都是被冤枉入狱的
   C 两个人是狱警
   D 保安没听见打喷嚏声

2. A 人的记忆力很惊人
   B 大脑每天有两个记忆高潮点
   C 人的记忆力什么时候都很强
   D 睡前一小时不是记忆高潮点

3. A "的"不是多音字
   B "的"就两个读音
   C "的"是汉语中使用频率最低的
   D "的"作结构助词时读 de

4. A 雇员想要加薪
   B 现在有五家公司要聘请雇员
   C 老板想要裁员
   D 公司要倒闭了

5. A 太空中有重力
   B 钢笔能在太空中写字
   C 铅笔在太空中不能用
   D 圆珠笔在太空中可以用

6. A 中国文字叫做汉字
   B 秦始皇没有统一六国
   C 秦始皇取代了刘邦
   D 汉朝经济不繁荣

7. A 两个人一同去森林里野餐
   B 两人都突然倒地了
   C 一个人打了紧急服务热线
   D 紧急服务热线没人接

8. A 世界上最东又最西的国家是斐济
   B 斐济不是南太平洋的交通枢纽
   C 斐济人口 900 万
   D 斐济由 32 个岛屿组成

9. A 我讨厌深圳
   B 年轻人怀着梦想奔向深圳
   C 我从不去深圳
   D 深圳包容性不强

10. A 有氧运动强度高
    B 有氧运动持续性弱
    C 登山不是有氧运动
    D 有氧运动消耗脂肪

11. A 店长很凶狠
    B 年轻人是第一天上班
    C 年轻人很愿意打扫卫生
    D 店长辞退了年轻人

12. A 一个人旅行听不见自己的声音
    B 世界比想象的要宽阔
    C 人生没有出路
    D 吴淡如讨厌旅行

13. A 现代国家通常分为两种
    B 美国是福利国家
    C 北欧诸国是"自由放任"国家
    D 北欧诸国税收不重

14. A 大多数人知道幸福是什么
    B 所有人都很不幸
    C 有钱、好车、大房子也不一定幸福
    D 没有欲望就不幸

15. A 人的意识像一座冰山
    B "显意识"不能被人觉察
    C 灵感思维是显意识
    D 潜意识的能力比显意识弱

第二部分

第 16-30 题：请选出正确答案。

16. A 狂放不羁
    B 自由潇洒
    C 浪漫
    D 谦和

17. A 1990 年底
    B 1995 年底
    C 2000 年底
    D 2005 年底

18. A 《北京北京》
    B 《欢喜》
    C 《万物生长》
    D 《不二》

19. A 《北京北京》
    B 《女神一号》
    C 《不二》
    D 《素女经》

20. A 影视作品改编完全参与
    B 在上学时成绩特别好
    C 在高中时从未拿过第一
    D 在学校时同学们都疏离他

21. A 《致青春》
    B 《黄金时代》
    C 《找到你》
    D 《如果爱》

22. A 2001 年
    B 2002 年
    C 2003 年
    D 2004 年

23. A 音乐
    B 英语
    C 美术
    D 播音

24. A 工作最多的时候
    B 工作最少的时候
    C 没有工作的时候
    D 生病的时候

25. A 女士拍电影从来不投入
    B 女士饰演过很多次真实人物
    C 女士入行后从未被拒绝过
    D 女士认为外界不太影响自己

26. A 学校分配
    B 自己寻找
    C 朋友介绍
    D 父母介绍

27. A 用心
    B 急躁
    C 马虎
    D 外语好

28. A 朋友
    B 老师
    C 务实
    D 勤快

29. A 考研
    B 工作
    C 旅行
    D 休息

30. A 女士认为学历、专业不是必须的
    B 女士进入这个岗位前经过了培训
    C 女士认为大学是最有压力的地方
    D 女士认为所有实习经历都有价值

第 31-50 题：请选出正确答案。

31. A 学习好
    B 外语好
    C 胆大心细
    D 责任心强

32. A 导师是本科生导师
    B 导师是研究生导师
    C 导师是教育学院的
    D 导师不是学医的

33. A 学生们很讨厌学习
    B 学生们都没按照教授要求做
    C 学生们的胆子够大
    D 学生们的心很细

34. A 不用太注意细节
    B 胆子大也能成功
    C 细节和方向都不重要
    D 胆大心细能避免不必要的错误

35. A 公公
    B 丈夫
    C 儿子
    D 以上都是

36. A 虎患不严重
    B 没有出行的车
    C 没有路上吃的食粮
    D 没有严酷的政治剥削

37. A 孔子没有经过泰山
    B 孔子没有停车
    C 孔子与妇人说了话
    D 孔子没有发出感叹

38. A 他是宋朝人
    B 他是打油人
    C 他不喜欢去打油
    D 《雪》不是他写的

39. A 《雪》创作于唐朝
    B 《雪》不是打油诗
    C 《雪》的用词很生涩
    D 《雪》没有被传播

40. A 打油诗是以打油为题材的
    B 打油诗是一种诗体
    C 打油诗是姓李的人创作的
    D 打油诗理解起来困难

41. A 拿破仑是科学家
    B 爱因斯坦是文豪
    C 曹雪芹是钢琴家
    D 爱因斯坦是科学家

42. A 童年是悲惨的
    B 童年是伤心的
    C 童年是充满理想的
    D 童年是让人讨厌的

43. A 不会有拿破仑的经历
    B 身体和灵魂都变成他时会失去自己
    C 会发生昏迷
    D 会产生呕吐

44. A 一定要成为伟人
    B 一定要当作家
    C 一定要当科学家
    D 最宝贵的是自己

45. A 海水里含盐量太小
    B 海水里根本没有盐
    C 海水里含盐量太大
    D 海水的盐可以被人类正常地代谢掉

46. A 不会影响新陈代谢
    B 细胞会脱水
    C 会大量流泪
    D 不会出汗

47. A 疾病发作
    B 昏迷
    C 大脑损伤
    D 以上都是

48. A 可以随便喝海水
    B 人要多喝水
    C 不能饮用海水
    D 要多出汗

49. A 运动
    B 创作
    C 唱歌
    D 喝酒

50. A 绘画创作和成名前一样无所顾忌
    B 经常创新自己的风格
    C 不再为了钱而绘画创作
    D 绘画创作时有了顾忌

二、阅读

第一部分

第 51-60 题：请选出有语病的一项。

51. A 奥斯特洛夫斯基的《钢铁是怎样炼成的》对于中国青年是不陌生的。

    B 今后的路该怎么走，他们在探索着，他们在判断着，他们在寻找着，他们在思考着。

    C 电脑中有些网站，可以申请免费个人主页，这样，你只要将自己的信息放在指定的位置上，全世界的人都可以了解你的一切了。

    D 文章里的中心思想确定以后，还要根据中心思想的需要，认真地选择组织材料。

52. A 中国石油的生产，长期不能自给，一旦中东地区局势出现动荡，中国的燃油市场也将随之出现波动。

    B 我们应该发挥广大青年的充分的作用，让他们在亚太市长峰会期间各显其能，使来宾们从中感受到重庆青年的友好。

    C 一位优秀的有 20 多年教学经验的我们学校的语文教师，调到北京去了。

    D 他清楚地记得，一周前，一个人背着一个黑色的皮包，从这条小路匆匆地走进村子，径直走进了王明那有些破败的小院。

53. A 奥斯特洛夫斯基的《钢铁是怎样炼成的》对于中国青年是不陌生的。

    B 今后的路该怎么走，他们在探索着，他们在判断着，他们在寻找着，他们在思考着。

    C 电脑中有些网站，可以申请免费个人主页，这样，你只要将自己的信息放在指定的位置上，全世界的人都可以了解你的一切了。

    D 文章里的中心思想确定以后，还要根据中心思想的需要，认真地选择组织材料。

54. A 我们仔细调查研究的结果，认为他要负全部责任，但他却百般抵赖，拒不承担由于酒后开车超速行驶致使大桥护栏被撞毁的损失。

    B 春风一阵阵吹来，树技摇曳着，月光、树影一齐晃动起来，发出沙沙的响声。

    C 苏联小说《钢铁是怎样炼成的》塑造了共产党员保尔柯察金的英雄事迹。

    D 同学们怀着崇敬的心情注视和倾听着这位见义勇为的英雄的报告，都被他那舍己为人的精神深深感染了。

55. A 最近，市政府为塑造济南市良好的城市形象，大力推行文明用语，此举受到广大市民的欢迎。

    B 前期准备工作已经完成，现在，摆在翻译工作者面前的任务就是如何提高翻译质量的问题了。

    C 失业不能失志，只要自己有双聪明能干的手，什么都能造出来。

    D 为了使企业尽快走出困境，我们严肃地研究了职工们的建议，又虚心地征求了专家们的意见。

56. A 海水深度在200米以内的大陆架，蕴藏的石油约有1500亿吨，约占地球已知总储藏量的三分之一。

    B 今天是开学的第一天，同学们一报完名，就在清洁委员的组织下，把教室打扫得干干净净，整整齐齐。

    C 内蒙古自治区今年遭受了自建国以来最大的一次雪灾，做好生产救灾工作决定于干部作风是否深入。

    D 既然你来了，我也该走了。

57. A 半期考试之后，由于她这样好的成绩，得到了老师和同学们的赞扬。

    B 全校师生在雷锋精神的鼓舞下，好人好事，如雨后春笋似的涌现出来

C 他们胸怀祖国，放眼世界，在高手如林的雅典奥运会上，大力发扬了敢拼敢搏，终于夺得了冠军。

D 这个节目表达了同学们要以实际行动向雷锋同志学习，以优异的成绩向党汇报的决心。

58. A 大气中臭氧层的减薄及南极上空臭氧洞的不断扩大是由于人类大量放氯氟碳类物质造成的，这不是天灾而是人祸。

B 《现代汉语》是由北京师范大学中文系现代汉语教研室组织下编写的一本大学公共汉语教材。

C 这次学术会，他们感到收获很大，时间并不长。

D 我们的革命前辈，为了人民的利益，他们流了多少血，献出了多少宝贵的生命。

59. A 金科紫园樱花烂漫，柳丝轻拂，却少人驻足，同学们正在努力复习，迎接期末考试到来。

B 今天，我来到扬州瘦西湖的地方，游览了白塔、钓鱼台和五亭桥等风景点。

C 要想在此刊物上发表文章，字数必须控制在5000字以内，为了精简字数，不得不对文章略加删改一些。

D 根据市场的需求，今年农业大学一方面组织科技人员下乡，另一方面积极开展引进、推广新品种的工作。

60. A 一个人变好变坏，关键在于内因起决定作用。

B 止咳祛痰片，它里面的主要成分是远志、桔梗、贝母、氯化铵等配制而成的。

C 以1987年的《短篇三题》为起点，他的文学创作进入了一个新的时期。

D 小张除跳舞外，兼任报幕、开场、结尾的节目的工作。

第二部分

第 61-70 题：选词填空。

61. 说"把玩学术"不太合适，显得有点_____。其实，读书做学问，目的性太强，很难达到痛快淋漓、出神入化的地步。这一点，学问与游戏之道是_____的，缺乏足够的好奇心、求知欲、距离感，反而做不好。按照今日不少人的"学者"标准，恐怕中国传统读书人，全都是业余性质。可那种"爱美的"读书人，自有_____之处。

  A 轻视   相邻   可叹

  B 轻佻   相通   可爱

  C 情调   相似   可敬

  D 轻蔑   相仿   可怜

62.《汉魏两晋南北朝佛教史》于 1938 年问世，至今已超过半个世纪，此书规模之_____，结构之严谨，材料之丰富，考证之_____，问题提出之深刻，剖析解释之_____，实在可为中外学者们的楷模。

  A 伟大   标准   密集

  B 恢宏   精确   周密

  C 雄伟   精彩   周全

  D 庞大   微小   紧密

63.一直到九十年代中期以前，我们都在试图重新寻找自己的精神家园。钱穆、钱钟书和陈寅恪的著作和传记成了畅销书。《顾准文集》、《顾准日记》_____于市场，这个中国"市场经济第一人"、坚持学术自由的孤独者形象_____了人们对于知识分子角色的期许。《傅雷家书》长达二十余年的畅销，成为了_____的"三字经"。浪漫骑士王小波横空出世，给这个日益保守的社会打开了一个叛逆的缺口。

  A 充斥   引发   金玉良言

  B 疯狂   印证   字字珠玑

  C 风靡   满足   老少咸宜

  D 充塞   符合   家喻户晓

64. 王守仁，世称"阳明先生"，是明代著名的哲学家、教育家，曾被贬谪到龙场（今修文县）。在龙场的三年期间，他潜心悟道。_____了著名的"心即理"和"知行合一"学说，并萌发了"致良知"的思想。这些学说和思想_____在中国历史上引起巨大反响，_____对于东亚、东南亚乃至全球都有重要而深远的影响。因为修文是王阳明学说_____并传播的始发地，所以人们把修文誉为"王学圣地"。

A	创新	因为	所以	出生
B	创办	即使	也	诞辰
C	开创	虽然	但是	成长
D	创立	不仅	而且	诞生

65. 诗人艾青曾说："我所努力的对诗的要求是四个方面：_____，有意识地避免用华丽辞藻来掩饰空虚；_____，以一个意象来表明一个感觉和观念；_____，以全部力量去完成自己所选择的主题；_____，不含糊其辞，不写让人费解的思想，绝不让读者误解如堕五里雾中。"

A	平淡	单一	集合	明亮
B	淡泊	单薄	聚集	明显
C	朴素	单纯	集中	明快
D	普通	纯洁	中间	快速

66. 宋词是由唐诗发展而来的_____的一种文学体裁，它兼有文学和音乐两方面的特点。宋词的流派众多，佳作_____。其中最具代表的婉约、豪放两大_____将宋词推向文学高峰，直到今日宋词仍_____着人们的情操，给人们很高的艺术享受。

A	千篇一律	如出一辙	支流	浸染
B	别开生面	亦步亦趋	门户	渲染
C	别树一帜	层出不穷	流派	陶冶
D	标新立异	多多益善	派系	熏染

67. 让孩子选择未来并不是放手不管不问，而是在仅有的经验和孩子的意愿_____寻找最恰当的平衡点，并尽可能给孩子更多的_____。自主选择是一种意愿，_____一种能力，这种能力呼应了时代的_____。

A	之前	尊严	也是	规定
B	之后	重心	不是	章程
C	中间	称重	还是	需要
D	之间	尊重	更是	要求

68. 网络上大规模的_____"挖掘机哪家强"造句热,使蓝翔技校_____。事实上现在"蓝翔"已经和"土豪"等词语一样成了某种文化的象征,"蓝翔"两个字早已不再是蓝翔技校的代名词,而逐步_____成了类似"高深莫测、咋咋呼呼"的_____。

A	爆发	名声大噪	演化	含义
B	暴动	声名鹊起	演绎	意思
C	暴躁	威名远扬	演变	意味
D	爆炸	自命不凡	演戏	内涵

69. "空巢青年"不会一直空巢下去,就连比较开放的美国人,_____对婚姻存在质疑,未婚者中仍然有超过90%的人相信总有一天他们会选择结婚。但是社会的_____却往往不给"空巢青年"喘息的空间,每逢过年都会上演逼婚的戏码,也总有人用_____的眼光看"空巢青年"。_____一个人生活不是生理有毛病,就是心理不健康。

A	即使	也	打压	奇怪	好像
B	虽然	但是	压力	异样	仿佛
C	如果	就	压迫	神奇	似乎
D	因为	所以	打击	奇异	相似

70. 《咬文嚼字》公布的年度十大流行语中,有八个来自网络或_____网络赋予了新的含义,被评选出的流行词展现了网友的创造力,也是社会真实情绪的另类_____。当多数人享受流行语的快感和其所构建的集体认同感时,有一些更为重要的社会情绪或真相_____处在流行的范畴之外。_____于那些轻快的流行词,这些词以及所对应的现实更显得沉重,但他们往往_____地触及时代的本质,更能代表这一年的社会关切。

A	由	表达	却	相较	深刻
B	为	表现	也	相比	深浅

| C | 被 | 展示 | 都 | 较真 | 刻意 |
| D | 从 | 表示 | 却 | 毕竟 | 深邃 |

第三部分

第 71-80 题：选句填空。

71-75.

一天，生活在山上的部落突然对生活在山下的部落发动了侵略，他们不仅抢夺了山下部落的大量财物，(71)_____，并把他带回到山上。

可是山下部落的人们不知道怎样才能爬到山上去。他们既不知道山上部落平时走的山道在哪里，也不知道到哪里去寻找山上部落，(72)_____。尽管如此，他们还是派出了他们部落里最优秀、最勇敢的战士，希望他们能够爬到山上去，找回孩子。他们尝试了一个又一个的方法，搜寻了一个又一个可能是山上部落留下的踪迹。尽管他们用尽了所有他们能想到的办法，但几天的艰苦努力也不过才前进了几百米。他们感到他们的一切努力都是无用的，没有希望的，(73)_____，返回山下的村庄。

正当他们收拾好所有的登山工具准备返回时，他们却看到被绑架孩子的母亲正向他们走来，而且是从山上往下走。他们简直无法想象她是怎么爬上山的。待孩子的母亲走近后，他们才看清她的背上用皮带绑着那个他们一直在寻找的孩子。哦，真是不可思议，(74)_____？这群部落中最优秀、最勇敢的战士都迷惑不解。

其中一个人问孩子的母亲："我们是部落中最强壮的男人了，我们都不能爬到那么高的山上去，而你为什么能爬上去并且找回孩子呢？"孩子的母亲平静地答道："(75)_____！"

A 他们决定放弃搜寻

B 还绑架了一户人家的婴儿

C 她是怎么找到孩子的

D 甚至不知道如何去发现他们留下的踪迹

E 因为那不是你们的孩子

76-80.

在中国,当我们在与人初识的时候,对方往往会礼貌地问"贵姓",而我们回答的时候常常是"免贵姓某"。那么,在回答自己的姓氏之前为什么要在前面加上"免贵"二字呢?(76)_____？

其实,这和中国古代姓氏的变化有着密切的联系。早在夏商周时期,人们就已经有了"姓氏",只不过,当时的"姓氏"和我们如今的"姓氏"大为不同。当时,(77)_____,其中男子称"氏",女子称"姓"。

之所以如此,(78)_____,当时人们只知其母不知其父,随着人口的增多,为了把各个氏族区分开来,"姓"就出现了,"姓"表明了一个人出生的血缘关系,同一个姓的人就说明有同一位女性祖先。这是母系氏族社会同一血缘关系的重要标记。而且,人们在长期实践中逐渐认识到了近亲结婚的危害,同姓的异性之间就不可以通婚,于是"姓"也就具有了区别婚姻关系的作用。

后来,随着母系氏族社会向父系氏族社会转变,一个氏族发展到一定程度就会发生分解,由"姓"衍生出了一系列分支的"氏",由此"氏"便成为父系氏族或部落的标记。而进入阶级社会以后,"氏"更是成为贵族男子的专称,能够用来区别贵贱,一般贵者有氏,(79)_____。

直到春秋战国时期,社会发生重大变革,"姓氏制度"发生了混乱,又逐渐趋向统一。到秦统一之后,姓氏才合二为一,到两汉的时候,姓才得以基本确立,和我们现在通用的姓大体一致。不过,(80)_____。

当人们在向人询问姓氏的时候,还常常会问"贵姓",而回答的人为了自谦,也为了表示对他人的尊重,则会回答"免贵姓某"。

A "姓"和"氏"是分开来说的

B 还要从母系氏族时期说起

C 贱者有名无氏

D 这中间有什么讲究和门道呢

E "姓"的高贵性还是保留并流传了下来

第四部分

第 81-100 题：请选出正确答案。

81-84.

有一次，去拜会一位事业上颇有成就的朋友，闲聊中谈起了命运。我问："这个世界到底有没有命运？"他说："当然有啊。"我再问："命运究竟是怎么回事？既然命中注定，那奋斗又有什么用？"

他没有直接回答我的问题，而是笑着抓起我的左手，说不妨先看看我的手相，帮我算算命。给我讲了一通生命线、爱情线、事业线等诸如此类的话之后，突然，他对我说："把手伸好，照我的样子做一个动作。"他的动作就是：举起左手，慢慢地而且越来越紧地握起拳头。末了，他问："握紧了没有？"我有些迷惑，答道："握紧啦。"他又问："那些命运线在哪里？"我机械地回答："在我的手里呀。"

他再追问："请问，命运在哪里？"我恍然大悟："命运在自己的手里！"他很平静地继续："不管别人怎么跟你说，不管'算命先生们'如何给你算，记住，命运在自己的手里，而不是在别人的嘴里！这就是命运。你再看看你自己的拳头，你还会发现你的生命线有一部分还留在外面，没有被握住，它又能给我们什么启示？命运绝大部分掌握在自己手里，但还有一部分掌握在'上天'手里。古往今来，凡成大业者，'奋斗'的意义就在于用其一生的努力去争取。"

81. 根据第二段，朋友说手上有什么线？

    A 生命线   B 事业线

    C 爱情线   D 以上都有

82. 第二段中，朋友让我跟他做什么动作？

    A 举起右手，握起拳头   B 张开双臂

    C 举起左手，握起拳头   D 左右摇头

83. 第二段的"照"是什么意思？

    A 拍摄   B 依据

    C 照射   D 知晓

84. 本文想告诉我们什么道理？

    A 命运掌握在父母手里   B 命运掌握在自己手里

    C 命运掌握在领导手里   D 根本就没有命运这回事

85-88.

说到冰激凌，人们总觉得它是一个"舶来品"。但事实上，早在3000多年前，聪明的中国人就已经知道在夏天用天然冰来消暑降温了。当时的帝王为了能凉快地度过整个夏天，会提前在冬天把冰贮存在地窖里，到了盛夏再拿出来享用。

周朝时期，朝廷专门安排了一个负责取冰的职位——"凌人"。唐朝末年，人们发现用来制作火药的硝石遇到水时会使水降温甚至结冰，就这样，唐朝人发现了夏季制冰的方法，很快京城长安就出现了专门制冰来卖的生意人。当时的人们在莲子绿豆汤和薄荷百合汤中放入冰粒制成一种非常流行的夏日冰品。到了宋朝，冷饮的种类就更多了，当时非常著名的有"雪泡豆儿水""雪泡梅花酒"等。元世祖忽必烈时，政府开始大批量地制造冰激凌，但为了保守制作工艺的秘密，王室以外的人禁止制造冰激凌。

13世纪，意大利探险家马可·波罗把中国的冰激凌带到了意大利。在当时的西方，冰激凌被当成奢侈品。1500年，冰激凌才出现在法国一位国王的婚礼上。1560年，法国卡特琳皇后的私人厨师在原来冰激凌的基础上，混合了牛奶、冷冻水果、新鲜蛋黄等材料，将冰激凌制成了半固体状，并刻上花纹，使冰激凌看上去色泽更加鲜艳，而且吃起来也更加美味可口。18世纪，冰激凌传入美洲。在当时的美国只有富人能吃得上冰激凌。1900年，由于电力和制冷技术的广泛应用，冰激凌的制作过程加快，成本降低，从而使价格大大下降。从那以后，入口绵密、香味十足的冰激凌就开始成为一种大众的降暑食品。

85. 第一段中的"舶来品"是什么意思？

A 卖到国外的商品 B 产自"舶来"的商品

C 通过航船从国外进口来的物品 D 人们很喜欢的物品

86.关于"凌人"，下列说法错误的是？

A 这是一种职位的名称 B "凌人"负责取冰

C "凌人"是指爱吃冰淇淋的人 D "凌人"是周朝时期出现的

87.根据第二段，下列哪项说法错误？

A 唐朝人发现了夏季制冰的方法 B 宋朝时，冷饮的种类变得更多了

C "雪泡豆儿水"是宋朝的冷饮 D 元世祖时，王室以外的人可以制造冰淇淋

88.根据第三段，我们能知道什么？

A 马可波罗没有去过中国 B 13世纪的西方，冰淇淋不是奢侈品

C 18世纪，冰淇淋传入美洲 D 1900年，冰淇淋价格大幅度上涨

89-92.

耍龙灯也叫"舞龙"、"龙灯舞",是我国独具特色的民间娱乐活动之一。从春节到元宵灯节,我国城乡广大城区都有舞龙的习俗。经过千百年的沿袭发展,耍龙灯已经成为一种活泼、表演优美、带有浪漫色彩的民间舞蹈。

舞龙起源于人们对龙的迷信,距今已有两千多年的历史了。在古代人们用耍龙灯祈祷龙的保佑。以求得风调雨顺,五谷丰登。

舞龙的主要部位是龙头、龙身两个部位。龙的节数以单数为吉利,多见为九节龙、十一阳龙、十三世龙、多者可达二九银龙。十五节以上的龙比较笨重,不以舞动,主要是用来欣赏,这种舞龙特别讲究装潢,具有很高的工艺价值。还有一种"火龙",危险性很高,用竹子先撑住内部,披上红红火火的龙衣,在竹子里面的缝上顶住蜡烛跳来跳去,欣赏性很高,夜间表演十分壮观。

舞龙的耍法有多种,九节以内的侧重于花样技巧,较常见的有:江龙漫游、龙头飞舞、头尾交跳、龙身摆尾等。十一节,十三节的龙,侧重于动作表演,有各种的样的金龙玩珠、火龙刀蜡、一应俱全、应有尽有的花样让我们眼花缭乱,非常好看。

舞龙的习俗在海内外华人受到了发扬和光大。每逢中国人的传统节日,他们<u>一向</u>会舞起龙、耍起狮,呈现出一片浓浓的东方气概。

89.上文最符合的标题是?

 A 春节传统文化之一   B 传统文化之耍龙灯

 C 元宵灯节的习俗   D 春节之舞龙

90.以下哪项与上文不符?

 A 舞龙的耍法多种多样   B 只有元宵灯节时有舞龙的习俗

 C 舞龙的主要部位是龙头、龙身 D "火龙"是危险性很高的一种舞龙

91. 以下各项中正确的是?

 A 舞龙距今只有两百多年的历史 B 古人用舞龙祈求婚姻

 C 舞龙起源于人们对龙的迷信 D 舞龙的欣赏性不高,夜间表演很难看

92. 最后一段中划线词语"一向"是什么意思?

 A 一种情况   B 一个方向

 C 心中的想法   D 从来、一直

93-96.

螃蟹是一种常见的水生动物，外形丑陋奇特。而它的足却发挥着重要的作用，可以说，它没有了足，就无法生存。

螃蟹的足是爬行工具。它的足共有五对，其中四对是一样的。因为它有独特的爬姿——"横行"，所以别看它足多，爬起来好像互相牵扯，影响速度，可事实上它却一点儿也不含糊，它的足很灵活地来回摆动，而第一对足总是<u>高高朝上翘着</u>，显得气宇轩昂。

螃蟹的足更是捕食工具。参与捕食的主要力量是第一对大足，人们把这对足称为"螯"。它在爬行时，螯张开着用来捕食，像厉害的古代兵器，它的两只螯收缩自如，能把食物送到嘴里，就像外国人吃饭时所用的刀和叉，伸展自如。

螃蟹的足还是它的"护身符"。当你用手去捉螃蟹时，它会愤怒地举起大钳——螯，当人们稍不慎，被它钳住时，想摆脱没那么容易，非得受一番罪不可。最好的解决办法是把它连同你不幸的手一起放在水中，它会即刻松钳。如果侵犯者强大，招架不住时，它便会忍痛断钳，逃之夭夭。

螃蟹的足也是最佳的"挖土工具"。螃蟹的洞通常在海边、河边的平滩中，或者在滩边的斜坡上。它不借助任何别的工具，只靠那五对足，竟能挖出一个很深很长的洞。一般它是用四对小足扒土，用螯把泥土推开，也就是说，它把四对小足当作"挖土机"，把螯当作"推土机"。

所以，螃蟹的足堪称多功能，多用途。螃蟹失去了足，就像失去了生命。

93. 上文的主题是？

  A 螃蟹的身体   B 螃蟹的足

  C 螃蟹的生命   D 螃蟹的眼睛

94. 下列各项中正确的是？

  A 螃蟹的足共有五对，五对都是一样的   B 没有了足，螃蟹也能生存

  C 螃蟹的足不能用来捕食   D 螃蟹的足是挖土工具

95. 第二段中划线句子表现了螃蟹的什么姿态？

  A 谦虚   B 聪明

  C 高傲   D 愚蠢

96. 下列哪项是正确的？

  A 螃蟹因为足多，影响了行走速度   B 螃蟹即使在遭遇强敌时也不会忍痛断钳

  C 螃蟹的足就如同生命一样重要   D 螃蟹挖洞时，除了足还要借助别的工具

97-100.

黄果树大瀑布是东方的瑰宝,雄姿盖世,海拔990米,落差68米,宽81米。婉蜒曲折的白水河由北向南,像一条雪白的玉练,从断崖绝壁上飞奔而下,汹涌澎湃,直泻犀牛潭,可谓"飞流直下三千尺,疑是银河落九天"。

"白水如棉,不用弓弹花自散",飞瀑激起万朵浪花,溅起漫天雨珠,如飞花般,扬扬洒洒,在丽日映照之下熠熠闪亮!

无论你什么季节来到黄果树,都能观赏到瀑布千姿百态的奇丽景色:春天,百花争艳,瀑布清流如黛,就像姹紫嫣红中的银帘,气象万千;夏季,在那骄阳似火的雷雨时节,河水暴涨,瀑布急流如飞,就像破浪而来的巨龙,奔腾咆哮,涛声如雷贯耳。整个犀牛潭连同黄果树村街,完全弥漫在金黄色的雨雾之中。丽日下,斜阳中,道道彩虹飞镶其间,与白茫茫的瀑水交相辉映,妙趣横生;时值秋高气爽,瀑布碧流如玉,宛如玑珠悬空垂吊,美不胜收;冬天,雪松挺拔,瀑布银流如丝,瀑沫星星点点,纷纷扬扬,别有一番风味。

涉过马蹄滩,登上瀑布左侧陡崖半腰,便到达了徐霞客所指"中宛三门"的"水帘洞"。"水帘洞"位于瀑布中段的峭壁上,岩石凹进呈三洞,洞口为瀑布所遮,凌空飞腾的水帘蔚为壮观。洞壁四周钟乳密布,如黄龙吐雾,如孔雀开屏,千姿百态,栩栩如生。洞中水声如雷鸣,石乳上的水珠晶莹欲滴,色彩斑斓,令人眼花缭乱,<u>宛若置身于人间仙境</u>……

97. 上文的主题是?

   A 水帘洞   B 银河

   C 马蹄潭   D 黄果树瀑布

98. 下列各项中正确的是?

   A 春天的瀑布急流如飞   B 夏天的瀑布银流如丝

   C 秋天的瀑布碧流入玉   D 冬天的瀑布清流如黛

99. 水帘洞在哪里?

   A 涉过马蹄滩,瀑布左侧陡崖半腰   B 瀑布最底段的峭壁上

   C 马蹄滩左边   D 马蹄滩上

100. 最后一段划线句子的意思是?

   A 马蹄滩的景色太美丽了   B 瀑布太壮观了

   C 石乳上的水珠颜色太多了   D 水帘洞里的景色美得不像真的

三、书写

第 101 题：缩写。

（1）仔细阅读下面这篇文章，时间为 10 分钟，阅读时不能抄写、记录。

（2）10 分钟后，监考收回阅读材料，请你将这篇文章缩写成一篇短文，时间为 35 分钟。

（3）标题自拟。只需复述文章内容，不需加入自己的观点。

（4）字数为 400 左右。

（5）请把作文直接写在答题卡上。

为什么拖延症这件事那么困难呢？根据我的体会，往往是因为，我们给自己太大的压力。既然常规思维解决不了这个问题，那么逆向思维就特别重要了。根据我的经验，逆向思维对处理拖延症有很大的帮助。我来给你举个例子。经历过大学时代的人，都会对拖论文这件事记忆犹新吧？

我们的豆瓣小组里有个成员，是对自己要求特别高的那种，有一次她要写一门课程的期末论文。在期末考试之前一个月，她就知道了论文的题目，却迟迟没有动手。直到还剩最后一个星期了。——当然，对很多人来说，这个也不算什么。许多人会把论文拖到还剩三天，甚至一天呢。

就是恰好在截止日期之前的一周，这位成员想通了。她意识到：为什么我一直不能动手呢？原来不是我"懒"，不是我不想写好，是我太担心写不好。我不就是担心把这篇论文写烂吗？但是又能烂到哪里去呢？干脆，我就先写一篇全世界最烂的论文看看！

心里的屏障一旦除掉，她迅速完成了初稿——好像也没有那么烂。更重要的是，迅速完成初稿，为她赢得了时间。于是，在最后交稿之前，她把论文又改了两遍。最后这篇论文的成绩是"优秀"。

经此一役，她得到了一个最重要的启发："烂的开始是完成的一半。"你一定听说过另一句话："好的开始是成功的一半。"但"成功"这个词，实在太模糊了。怎样才能算"成功"呢？相比之下，"完成"可能就具体得多。完成意味着整件事要做完整，不能有遗漏。哪怕细节再好、局部质量再高，没有完成，再"完美"都没用。

有些人会因为追求"完美"，陷入了难以"完成"的境地。这些时候，"完成"比"完美"更重要。如果你也曾为了写一篇论文，查了无数篇文献，然后把它们统统下载到了你电脑的硬盘里——你知道这意味着什么？——这意味着，这么多文献如果你全部仔细读过，应该能写出一篇相当"完美"的论文；这也意味着，你很可能根本无法读完其中的哪怕三篇，而更可能的是在截止日期前夕抱抱佛脚，匆忙浏览一些，引用一些，交稿完事。

追求"完成"的人，时常能体会，"烂开始"带来了"好结束"；苛求"完美"的人，却往往发现，"好开始"只换到"烂结束"。所以当你为质量而忧虑，迟迟无法迈出第一步时，不妨允许自己迈出最"烂"的第一步。如果这"烂"的一小步能帮你争取到时间，那么"烂开始"就能转化成"好结束"。

所以，不要给自己太大压力，不要总是想着要把一件事情做完美。你必须养成习惯，接下一件任务时就逼着自己分析一下，看看"不那么完美"的代价有多大，好处又有多少。你必须问问自己：把这件事做到完美无缺，有多大意义？比起"蛮好"的结果，"完美"会更有用处吗？比起"一般般"又如何呢？你还得问问自己：在这件事上，我真愿意做到完美无瑕的可能性有多大？结果完美与否对我来说有多大区别？

这就是一种"逆向思维"。这种逆向思维能够帮助你开始，而一旦开始，你就成功了一半。

<HSK 6급 실전 모의고사 3> 본문

1. 听力 듣기

第一部分 제1부분

第1到15题，请选出与所听内容一致的一项，现在开始第1题：

1. 牢房里，两个犯人在聊天，其中一个问另一个："你是怎样'住'进来的？""因为感冒。""这怎么可能？""很简单，我偷东西的时候打了一个喷嚏，保安醒了。"

2. 人的记忆力非常惊人，据估计，处于激活状态下的人脑，每天可以记住4本书的全部内容。但不是什么时候人的记忆力都很强，大脑每天有4个记忆高潮点，分别是清晨6~7点，上午8~10点，晚上8~10点和睡前1个小时。

3. "的"是现代汉语中使用频率最高的汉字。"的"是一个多音字，有四个读音：de、dī、dí、dì。读作 de 时，常用作结构助词，如：这是我的笔；读作 dī 时，如"的士"；读作 dí 时，是真实意思，如"的确"；读作 dì 时，指箭靶的中心，或用于译音，如"目的""波罗的海"。

4. "你必须给我加薪！"一个雇员对他的老板说，"现在有三家公司找我呢。""是吗？"老板问他，"是哪三家公司找你？""电力公司、电话公司还有煤气公司。"

5. 钢笔和圆珠笔不能在太空中写字，因为太空中没有重力，钢笔的墨水和圆珠笔的油墨都流不下来。而普通铅笔也不能用，虽然铅笔不存在没有重力就无法书写的问题，但铅笔笔芯容易折断。为了解决太空中的书写问题，1967年，美国开发出一款供宇航员在太空使用的太空笔。

6. 为什么中国文字叫汉字呢？秦始皇统一六国后建立秦朝。但是秦朝很短暂，取而代之的是刘邦建立的汉朝。汉朝建立后，经济繁荣，国力强盛，人民安乐。为此，汉族正式形成，使用的语言被称为汉语，文字称为汉字，这种称谓，一直沿用至今。

7. 两名猎人一同去森林里打猎，其中一名突然倒地，看起来没有呼吸了。另外一名猎人见此掏出手机，拨打了紧急服务热线。他喘着气说："我的朋友死了！我该怎么办？"接线员回答说："冷静，首先，我们要确定你的朋友确实死了。"此时一阵沉默，接着电话里传来了一声枪响。猎人接着问："确定了，现在该怎么办？"

8. 世界上最东又最西的国家是哪个？是斐济。斐济地跨东、西两个半球，180°经线贯穿其中，因而成为世界上最东又最西的国家。斐济是南太平洋的交通枢纽，由332个岛屿组成，人口约90万，官方语言是英语。

9. 我认识的每个深圳人，几乎都不是深圳人，都是因为工作原因来到深圳。一群怀着热血梦想的年轻人，奔向这么一座城市，其活力和激情可想而知。因为工作原因，我经常去深圳，所以感觉这座城市的包容性非常强，凭本事混饭，凭能力打拼，没什么好说的。

10. 什么是有氧运动呢？有氧运动就是指人体在氧气充分供应的情况下进行的运动，这样的运动强度低，持续性强。有氧运动包括：长跑、游泳、健身操、登山等。有氧运动主要消耗的是脂肪。所以，如果要减肥，就应该多做有氧运动。

11. 某商场新雇佣的年轻人第一天上班。店长很亲切地和她打招呼并给她一把扫把，告诉她第一项工作就是打扫卫生。年轻人很生气地说："我是大学生啊！"店长忙说："哦，对不起！我不知道你是大学生，请你把扫把给我，我教你扫地。"

12. 吴淡如这样描述一个人的旅行："只有一个人旅行时，才听得到自己的声音。它会告诉你，这世界比自己想象中更宽阔。你的人生不会没有出路，你会发现自己有一双翅膀，不必经过任何人同意就可以飞翔。"

13. 现代国家通常分为两种，一种是福利国家，大政府，比如北欧诸国，税收很重，但是福利很好。另一种是"自由放任"国家，像美国这样的，小政府，税不算高，但是福利也不好。换句话说，现代国家权力和责任通常是相对的。国家多收税，就要多为老百姓做事。

14. 科思说："大多数人都不知道幸福是什么。他们只知道，只要有钱，有好车，有大房子，就是幸福。但是有了钱，有了好车，有了大房子的人，却并不比其他的人幸福。"一个人之所以不幸，是因为欲望太多。

15. 人的意识好像一座冰山，露出水面的叫"显意识"，藏于水中的是"潜意识"。前者能被人觉察，如人们的思考、讨论，而后者却不能，灵感思维通常就是潜意识活动的结果。科学家认为，潜意识的能力要比显意识的能力更强，显意识受常规思维的影响，难以自由发挥。

第二部分 제2부분

第16-20题是根据下面一段采访：

女：今天我们请到了作家冯唐先生。其实很多人读您的文字，会感到你在这个文字之间是一种狂放不羁的感觉。可是见到您本人，却感觉您跟文字中的冯唐不太一样，本人是一个非常谦和、文质彬彬的人，为什么会有这两种不同的形象，会出现在大家的面前？

男：我想可能是缺什么补什么吧，就是平常"温良恭俭让"多了，自然有一些放肆的想法，那就

在文字里吧。

女：你的小说像《万物生长》、《北京北京》，都被拍成电影和电视剧，作为原作者，你介意别人改编你的文字吗？比如说当别人去改编你的文字，你介入的程度高不高？

男：我几乎是完全不参与。理由也非常简单，我认为文字作为一种材质，跟声光电是两回事，

它是一个文字艺术,不是一个形象艺术,这个我是非常笃定的。第二,我觉得专业人做专业的事,是影视应该给专业团队去弄。

女:冯唐这个笔名什么时候开始用的?

男:冯唐这个笔名是2000年底,当时要出第一本书,就这个《万物生长》。

女:你在读书的时候,其实就按照现在的话说,是学霸,成绩永远是特别好,所以你也在文章里边说到,那时候你妈妈最引以为自豪的就是,考完试开家长会,当老师第一个念出你的名字、分数之后,你妈妈可以在众目睽睽之下,起身、离席。你要是持续考第一,那这个就是非常人所能为的。

男:非常招人恨的,我觉得这块是有一个分水岭的,高中我就没有让别人拿过第一,包括所有的期中考试跟期末考试。但上大学之后,我觉得我领悟了,就觉得日子不能这么过。倒不是说给别人机会,而是说我就不想压力那么大了,其实你都上大学了,能怎么样呢?有时候大家会说,你这人太不厚道了,给我们好多压力,我说你这事根本就不对,我一直拿第一,我的压力大还是你倒数第二、第三的压力大啊。

女:那时候在学校里面,你会发现其他同学会疏离你吗,因为你成绩太好了?

男:不会,我觉得可能这方面我也有一丁点天赋,大家也对我也还好,我也不整天捂着卷子,有时帮他们解解题,所以还好。而且我对身边的同学也挺不错的,经常请同学吃饭,给他们帮忙之类的。

16. 男士现实生活中是什么类型的人?
17. 男士的笔名是什么时候开始用的?
18. 男士出的第一本书是什么?
19. 男士哪部作品被拍成电视剧?
20. 关于男士,下列哪项说法正确?

第21-25题是根据下面一段采访:

男:本期嘉宾是汤唯,因为您对《黄金时代》这部电影投入了非常多的精力,拍的时间非常长。跟其他的戏相比,这部戏的这种跨度、时长和包括投入,是怎么样的一种状况?

女:其实我每一部电影的投入都是一样的,只是在这部电影它有一个特殊性,就是这是一个历史上真实存在过的人物,这是我头一回饰演一个真的人物,所以功课做的很多。

男:这个真实的历史人物她最打动你的是什么?

女:她的真,她的那份闯劲吧!

男:你从学校毕业出来,要进入影视界开始打拼一番,其实最初的时候会不会感觉到自己处于一种非常被动,被选择,然后等待的那样的一种很无望的阶段?

女：我是2004年毕业，但是我毕业之前正好有一个电视剧的机会，我就开始拍电视剧了，然后从那时候开始我也挺巧，都是一部拍完了，反正下一部就紧接着就来了，就是运气挺好的。

男：你有没有印象中比较深刻的被拒绝的那种经历？

女：拒绝是正常，被拒绝是常态，太正常了。因为我本身是学美术专业的，所以我到最后我的关注焦点是我的简历做得怎么样？

男：能给我们描述一下，你做成了什么样的，为什么人家一看简历就要用你了呢？

女：绝对是最高规格，排版啊，然后文字啊，那个空格，标点符号啊，我特别享受这种细致活，很细致的那种。

男：那你觉得你的这个事业发展的过程当中，你最迷惑的是什么阶段？

女：最迷惑的时候是工作最多的时候，因为我自己是一个挺容易知道我想去干嘛的人，只要问自己一句，你现在想干什么？自己心里蹦出来的第一个答案那就是了。

男：那什么样的生活方式你觉得是最好的？

女：工作了以后有时间去沉淀，沉淀完，想明白了，知道问题在哪了，想试一试想出来的道理是否正确的时候，然后又接了一个工作，然后再想，是这么一个节奏吧。

男：当外界的一切不尽如你意，甚至是你觉得自己无法去掌控的时候，你觉得你心里那个定海神针是什么？

女：我觉得其实外界不太影响得了我，因为每个人都有自己的一个理想一个愿望，我觉得可以更加专心地去做自己想做的事情。

21. 女士这次参与的电影叫什么名字？
22. 女士是哪一年从学校毕业的？
23. 女士本身是学什么专业的？
24. 女士在发展事业的过程中，什么阶段最迷惑？
25. 关于女士，下列哪项说法正确？

第26-30题是根据下面一段采访：

男：今天请到了外贸行业的徐女士，请问您是如何找到这份工作的呢？

女：我大学刚毕业后是在另一家公司实习的，之后就在那家公司工作。经过一段时间，我觉得那份工作并不适合我。刚好那时我朋友在这家公司，他就介绍我来这边。

男：目前，要成为一个外贸秘书需要怎样的教育背景呢？比如说学历、专业。

女：我觉得学历当然越高越好，但是它有的时候不是必须的，关键还是你的潜力。至于专业，我觉得也不是必须的，主要要看你的学习潜力。

男：那您进入这个岗位之前有过培训吗？

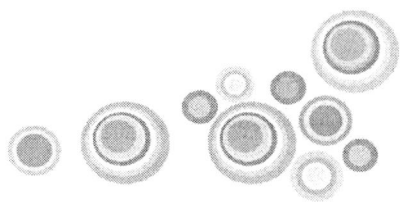

女：我没有啊，因为那个时候我是工作过一段时间了，和应届的毕业生还是不一样的。

男：您觉得从事外贸行业需要具备怎样的个人品质呢？

女：有一点很重要，就是你务必很用心，外贸工作很多时候靠个人争取，还有就是负责，一个订单中上一个阶段的人做事要为下一个阶段的人思考，每一个订单都要交接的清清楚楚。

男：回想大学的生活，你最大的收获是什么？

女：学校给我最大的收获，我想就是"务实"两个字。而且，大学是最没有压力的地方，能够让我不断地试错，积累经验。于是，我就有了在工作中尽可能不犯错的基础。但是，此刻回想大学生活，一句话：那是我最珍贵的、也是最留恋的时光。

男：此刻的很多大学生都想要考研，那您有没有选取考研这条路呢？

女：没有，我是毕业后直接就开始了我的事业。我想先去社会上去看看，看看社会上到底需要什么样的人才，然后再决定自己有没有必要再回到学校继续深造，其实不同的职业要求不一样，有时候经验更重要，在社会上同样也能够学习、深造，而且会更贴合社会的需求！

男：上大学期间兼职、实习，你觉得打工对大学生有帮忙吗？

女：我认为实习也好，兼职也好，我们首先就应看清自己做这件事的目的。不是所有的实习经历都是有价值的，社会经验的积累就和专业知识的积累一样，我们要先看清自我，要给自我一个准确的定位，再以客观的角度看待实习与打工，进而选取一条最适合自我的路。选取培养个人潜力的渠道多种多样，但是我们应该选取一些具有指导性的工作去做。

26. 女士如何找到现在的这份工作？
27. 女士认为从事外贸职业需要什么个人品质？
28. 女士认为学校给自己最大的收获是什么？
29. 女士毕业后直接做了什么？
30. 关于女士，下列哪项说法正确？

第三部分 제3부분

第31到50题，请选出正确答案。现在开始第31到34题：

第31到34题是根据下面一段话：

"做医生，最重要的就是胆大心细。"医学院的研究生导师一边做实验，一边教导他的弟子们。"请问老师，"一位女弟子认真地问道："什么是胆大心细？请举例说明。""看，就这样。"导师说完，迅速将一只手指伸进一杯病人的尿液里，然后把手指放进自己口中！"现在你们每个人照做一遍。"导师把那杯尿液递给身边的学生。学生们面面相觑，斗争了一会，都慢慢地、极不情愿地按着教授的要求去做了。看到每个学生都忍着呕吐，陆续把沾有尿液的手指放入口中，教授摇摇头说："不错，你们都过了第一关，胆子够大。但是你们心不够细，没有一个人注意到，我伸入尿液杯的是食指，可放进嘴里的是中指啊！真是可惜！"

导师用行动告诉我们，成大事者不拘小节，但是要关注细节。战略决定方向，细节决定成败！专注于细节而忽略了方向导致事倍功半，但只关注方向而忽略细节，则会浪费我们大量精力，甚至因小失大，让长久的努力功亏一篑。所以，欲成大事者切不可忽略细节，只有胆大心细，才能避免不必要的错误，一步步走向目标。

31. 做医生最要紧的是什么？
32. 关于导师，可以知道什么？
33. 关于学生们，下列哪项正确？
34. 这篇短文想告诉我们什么？

第35到37题是根据下面一段话：

孔子经过泰山脚下，见到一位妇人在新坟前哀哀恸哭。孔子停下了车，询问是怎么回事。妇人说："我在哭三个人。我的公公、丈夫和儿子都先后被老虎吃掉了。"孔子很吃惊："虎患如此严重，为什么你们不离开这个地方呢？"妇人说："因为这里虽然有老虎，却没有严酷的政治剥削啊！"孔子听罢，发出了那句著名的感叹：严酷的政治比老虎还要凶猛！

35. 妇人为谁而哭？
36. 妇人为什么不离开？
37. 关于孔子，下列说法哪项正确？

第38到40题是根据下面一段话：

打油诗名为"打油"，但其实并不是以打油为题材，而是唐朝一个姓张的打油人创作的一种诗体。据说有一次他出外打油，天降大雪，他看到整个天地间白茫茫一片，便有感而发，写了一首名为《雪》的诗："江上一笼统，井上黑窟窿。黄狗身上白，白狗身上肿。"这首诗描写雪景，通篇写雪，虽没有一个"雪"字，但雪的形神却跃然纸上。遣词用字，通俗易懂，又十分贴切、生动传神、诙谐幽默。因此一经问世，便迅速传播开去，并被很多人效仿，并将此种风格的诗作称为"打油诗"。

38. 关于姓张的人，下列哪项说法正确？
39. 关于《雪》，可以知道什么？
40. 关于打油诗，下列哪项正确？

第41到44题是根据下面一段话：

童年和少年是充满理想的美好时期。如果我问你们，你们将来想成为怎样的人，你们一定会给我许多漂亮的回答。譬如说，想成为拿破仑那样的伟人，爱因斯坦那样的大科学家，曹雪芹那样的文豪，等等。这些回答都不坏，不过，我认为比这一切都更重要的是，首先要成为你自己。

姑且假定你特别崇拜拿破仑，成为像他那样的盖世英雄是你最大的愿望。好吧，我问你：就让你成为拿破仑，生长在他那个时代，有他那些经历，你愿意吗？你很可能会激动得喊起来：太愿意啦！我再问你：让你从身体到灵魂整个儿都变成他，你也愿意吗？这下你或许有些犹豫了，会这么想：整个儿变成了他，不就是没有自己了吗？对了，我的朋友，正是这样。那么，你不愿意了？当然喽，因为这意味着世界上曾经有过拿破仑，这个事实没有改变，惟一的变化是你压根儿不存在了。由此可见，对于每一个人来说，最宝贵的还是他自己。

41. 下列内容正确的是哪项？
42. 关于童年，下列哪项正确？
43. 成为拿破仑的过程中会发生什么？
44. 本短文要告诉我们什么？

第45到48题是根据下面一段话：

有盐我们才能活下去，但只需要很小的量。海水里含盐量太大——大了大约70倍——我们无法平安无事地将其新陈代谢。1升海水里只含有大约2.5茶匙普通的盐——我们撒在食物上的那种盐，还含有大量的其他元素、化合物和别的已经溶解的固体，这一些通称为盐。

我们出的汗是盐水，流的泪是盐水。但是，说来也怪，我们却无法忍受外来的盐。要是把大量盐摄入自己体内，你的新陈代谢很快会陷入危机。每个细胞里的水分子都会匆匆离去，像是许多志愿消防员急着要去稀释和冲走突然增加的盐分那样。结果，细胞严重缺水，无法正常运转。简而言之，细胞脱水了。在极端情况下，脱水会造成疾病发作、昏迷和大脑损伤。与此同时，劳累过度的血细胞会把盐输送到肾脏，最后肾脏会负担过重，停止运转。要是肾脏不能正常运转，你就会死去。这就是你不能饮用海水的原因。

45. 关于海水，我们能知道什么？
46. 大量盐摄入体内会发生什么？
47. 极端情况下，脱水会导致什么？
48. 文章想告诉我们什么？

第49到50题是根据下面一段话：

有一位画家，在成名前醉心于自己的艺术创作，觉得创作是他最快乐的事。功夫不负苦心人！有一天他突然一举成名天下知，他的画一幅能卖几十万，他立刻成了大富翁。可是，从那以后，不知怎么，他在创作的时候，总是潜意识里考虑一下：这样画能被观画者接受和认可吗？这样画符合他原来的风格吗？因为只有符合他出名时那个风格，他才容易被人们认可。如果他创新出新的风格，则没有把握被人们接受。因为人们心中已经把他定型了。可是作为艺术家，到了一定阶段就需要创新啊。但他却不敢，担心创新以后，他的画不被认可，挣不到原来那么多钱。结果为了钱，他的创作不像过去那样无所顾忌，痛快地表达自己的艺术感受，而是变得瞻前顾后，患得患失。这样，画画就成了对他的束缚而不能像开始时那样给他带来那么大的乐趣了。

49. 画家成名前最快乐的事是什么？
50. 画家成名后，绘画创作怎么样？

<HSK 6급 실전 모의고사 3> 답안

一、听力

第一部分 답안

1. A	2. A	3. D	4. A	5. C
6. A	7. C	8. A	9. B	10. D
11. B	12. B	13. A	14. C	15. A

第二部分 답안

16. D	17. C	18. C	19. A	20. B
21. B	22. D	23. C	24. A	25. D
26. C	27. A	28. C	29. B	30. A

第三部分 답안

31. C	32. B	33. C	34. D	35. D
36. D	37. C	38. B	39. A	40. B
41. D	42. C	43. B	44. D	45. C
46. B	47. D	48. C	49. B	50. D

二、阅读

第一部分 답안

51. B	52. D	53. D	54. D	55. A
56. B	57. A	58. C	59. C	60. B

第二部分 답안

61. B	62. B	63. C	64. D	65. C
66. C	67. D	68. A	69. B	70. A

第三部分 답안

71. B	72. D	73. A	74. C	75. E
76. D	77. A	78. B	79. C	80. E

第四部分 답안

81. D	82. C	83. B	84. B	85. C
86. C	87. D	88. C	89. B	90. B
91. C	92. D	93. B	94. D	95. C
96. C	97. D	98. C	99. A	100. D

新汉语水平考试

HSK（六级）4

注 意

一、HSK（六级）分三部分：

1. 听力（50 题，约 35 分钟）

2. 阅读（50 题，50 分钟）

3. 书写（1 题，45 分钟）

二、听力结束后，有 5 分钟填写答题卡。

三、全部考试约 140 分钟（含考生填写个人信息时间 5 分钟）。

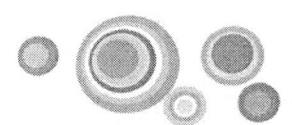

一、听力

第一部分

第 1-15 题：请选出与所听内容一致的一项。

1. A 看电视时大脑对信息二次加工
   B 长时间看电视会减退智力
   C 越看电视，思维越灵活
   D 看电视会活跃大脑

2. A 跳水运动员跳完后不用淋浴
   B 运动员出水后不会感觉冷
   C 淋浴是为了运动员保持体温
   D 出水后不会有温差

3. A 客户都想赚小便宜
   B 所有人都不值得信任
   C 发泄恨就要伤害所有人
   D 不要放弃善良

4. A 这只小鸟不会说话
   B 富豪把小鸟当做生日礼物给母亲
   C 这只鸟是富豪自己捉的
   D 富豪母亲把鸟给人了

5. A 世上最赚便宜的事情是读书
   B 花几十元就能跟作者见面交流
   C 我讨厌读书
   D 我买的书架很便宜

6. A 机场办登机手续不用排队
   B 名人最后乖乖去排队了
   C 大家很喜欢这个名人
   D 工作人员是名人的粉丝

7. A 话要说在有用的地方
   B 青蛙不会叫
   C 雄鸡只在天黑时叫
   D 子禽是墨子的老师

8. A 新加坡有关于口香糖的禁令
   B 禁令颁布前，没有人乱丢口香糖
   C 口香糖残渣不会影响地铁操作
   D 民众反对关于口香糖的禁令

9. A 金星比水星温度低
   B 金星上有二氧化碳
   C 金星上没有火山
   D 金星离太阳最近

10. A 年轻人不用多看书
    B 书读多了人生会升华
    C 不用向文化程度比我低的人学习
    D 我讨厌读书

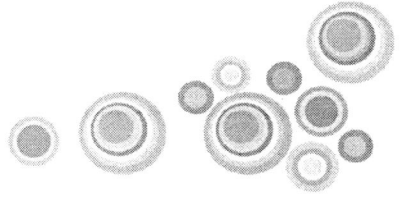

11. A 冯骥才没去过英国
    B 英国的华人没拜访过冯骥才
    C 华人的孩子很乖巧
    D 孩子穿鞋跳到了沙发上

12. A 人不应该说假话
    B 真话什么时候都该说
    C 季羡林总说真话
    D 季羡林讨厌说真话

13. A 洛克菲勒没有去过华盛顿
    B 洛克菲勒没有在饭店投宿
    C 洛克菲勒有儿子
    D 洛克菲勒儿子总住最便宜的房间

14. A 《夏洛特烦恼》是喜剧电影
    B 《夏洛特烦恼》是二十年前的电影
    C 《夏洛特烦恼》票房惨淡
    D 夏洛真的穿越到了中学时代

15. A 月球不是地球的卫星
    B 月球上有空气和水
    C 月球上有风
    D 月球上没有生命存在

第二部分

第 16-30 题：请选出正确答案。

16. A 鸟巢
    B 水立方
    C 工人体育馆
    D 台北小巨蛋

17. A 听起来简单的
    B 听起来复杂的
    C 儿童歌曲
    D 摇滚歌曲

18. A 跑步
    B 吃饭
    C 洗澡
    D 打球

19. A 兴奋
    B 伤心
    C 痛苦
    D 无奈

20. A 他现在不在鸟巢办演唱会
    B 男士的个人生活很高调
    C 男士已经结婚了
    D 他在音乐世界里找不到自己

21. A 《画皮》
    B 《锦衣卫》
    C 《亲爱的》
    D 《花木兰》

22. A 拍戏的时候
    B 结婚的时候
    C 怀孕的时候
    D 决定回到学校的时候

23. A 王家卫
    B 林超贤
    C 陈可辛
    D 冯小刚

24. A 十个小时
    B 二十个小时
    C 三十多个小时
    D 四十多个小时

25. A 女士已经做了母亲
    B 她执导一部电影没有得到经验
    C 电影对她来说不是饭，不吃也行
    D 女士内心很浮躁

26. A 华为
    B 小米
    C 联想
    D 华硕

27. A 每星期开放一次
    B 每星期开放两次
    C 每两星期开放一次
    D 每季度开放一次

28. A 1985年
    B 1988年
    C 1990年
    D 1998年

29. A 极致
    B 专注
    C 口碑
    D 慢

30. A 他认为极致的境界是逼疯自己
    B 小米创办以来他从未站到台前
    C 他创办小米时从未感到压力
    D 最初所有人相信他能做成手机

第三部分

第 31-50 题：请选出正确答案。

31. A 生活条件很差
    B 学习成绩平平
    C 达尔文妈妈经常批评他
    D 达尔文爸爸经常表扬他

32. A 他对医学感兴趣
    B 他喜欢爱丁堡大学
    C 父亲坚持让他去
    D 想去爱丁堡大学玩

33. A 博物学
    B 法学
    C 教育学
    D 神学

34. A 他觉得达尔文古怪
    B 他喜欢达尔文的鼻子形状
    C 他喜欢达尔文的年龄
    D 他喜欢达尔文学习的专业

35. A 它是在明代创作的
    B 它是一本小说
    C 它的作家是罗贯中
    D 书中没有出现"闭门羹"一词

36. A 她的容貌秀丽
    B 她琴棋书画都不会
    C 没有人来拜访她
    D 什么人都能见到她

37. A 马上要关门了
    B 拜访他人时遭到了拒绝
    C 一种菜品
    D 一种门的名字

38. A 男孩不认识人
    B 男孩不会说话
    C 男孩挑走了5分钱
    D 男孩挑走了一元钱

39. A 5分
    B 1分
    C 1元
    D 5元

40. A 买冰淇淋
    B 理发
    C 给其他人
    D 买了一个玩具

41. A 这本书是长篇小说
    B 这本书创作于唐代
    C 这本书作家是蒲松龄
    D 这本书是外国小说

42. A 教书先生
    B 摆茶摊
    C 创作《聊斋志异》
    D 以上都是

43. A 不点茶
    B 讲故事
    C 帮忙整理摊子
    D 帮忙沏茶

44. A 他参加过科举考试
    B 他中过科举
    C 他是宋朝人
    D 他是天文学家

45. A 买菜
    B 运动
    C 跳舞
    D 看老房子

46. A 院子里有樱桃树
    B 没人看见樱桃树
    C 老太太讨厌樱桃树
    D 樱桃树非常难看

47. A 她是个粗心的人
    B 她是个观察仔细的人
    C 她也想买下这个老房子
    D 她是这对老夫妻的亲戚

48. A 要多多买房
    B 要多出门走走
    C 要多多赚钱
    D 要细心观察

49. A 从不钻牛角尖
    B 死钻牛角尖
    C 从不做决定
    D 从不犯错

50. A 人要当电影导演
    B 人生不需要工作
    C 人要钻牛角尖
    D 人生不应该只做一件工作

二、阅读

第一部分

第51-60题：请选出有语病的一项。

51. A 那就是我的理由为什么我想提拔他。

　　B 电脑的发明给人们的生活带来了很大的便利。

　　C 直到今天，人类还不完全清楚恐龙灭亡的原因。

　　D 现代社会交通是衡量一个城市甚至一个国家发达程度的重要标准。

52. A 树木不但能提供氧气，而且是造纸的原料。

　　B 桔子、苹果、香蕉等水果含有丰富的维生素。

　　C 电影的发明，让人们第一次可以真实地实现活动的生活场景。

　　D 长期从事一种工作会让人感到无聊，而无聊会让身体感到疲惫。

53. A 认真倾听对方的话是交谈时最基本的礼貌。

　　B 语言的使用，促进了人类的思维，使得大脑更加发达。

　　C 在人类所患的各种疾病中，再没有比感冒更常见的了。

　　D 自古以来，中国就是一个崇尚玉器的国家，对玉有着特殊的情感。

54. A 以海洋资源为依托的海洋产业具有广阔的市场前景。

　　B 多年来，京郊旅游一直在北京旅游业中占有重要地位。

　　C 那种拔苗助长式的教育方式必会造成对孩子身体和心灵的双重伤害。

D 他的见解独到而且深刻,常应邀到许多高校发表演讲,深受学生欢迎。

55. A 台风给沿海居民的生活造成了很大的损失严重。

B 语文学习不是一朝一夕的事,只有多读多写,才能真正学好语文。

C 因为第一印象是最初的感觉,所以新鲜,引人注目,也容易记住。

D 生命不是一场赛跑而是一次旅行。比赛在乎终点,而旅行在乎沿途风景。

56. A 这项工程至少需要10年才能完工。

B 在年降雨量少于500毫升的地区不能种树,但只能种草。

C 经验多固然是好事,但如果一个人只靠经验工作,也是不行的。

D 世界各国的人口寿命数据表明,女性的平均寿命要比男性长7年。

57. A 作为一名军人的妻子,她多年来一直默默地支持他的工作。

B 十位评论家对一本书的赞扬,都比不过一位书店老板对这本书的欣赏。

C 这座桥修建于公元612年至618年,到现在已有快1400多年的历史了。

D 烧鱼时放一点儿醋,可以去腥。有些菜加醋后,更有风味,能增进食欲。

58. A 书画鉴定是一门综合学科,要求鉴定家有非常全面的学识和很高的艺术造诣。

B 有的花在春天盛开,有的花在夏天怒放,只有梅花在寒冬中绽放,凌霜傲雪,香气袭人。

C 这座桥修建于公元612年至618年,到现在已有快1400多年的历史了。

D 实践表明,一个国家森林的覆盖率达到全国总面积30%以上,或者分布均匀时,就不会发生较大的风沙旱涝等自然灾害。

59. A 丝绸之路的开辟,有力地促进了东西方经济、文化等各方面的交流与合作。

　　B 景泰蓝是燕京八绝之一,由于它的釉料颜色以蓝色为主,并且最初兴盛于明景泰年间,故称为景泰蓝。

　　C 《富春山居图》是元朝画家黄公望的作品,以浙江富春江为背景,墨色浓淡干湿并用,极富于变化,是中国十大传世名画。

　　D 冬至,是中国农历中一个非常重要的节气,也是中华民族的一个传统节日。这一天是北半球全年中白天最短、夜晚最长的一天。

60. A 我们主张社会利益与个人利益一致、贡献与索取一致的观点,并不是主张把人生的价值仅仅归结到对个人需要的满足和个人向社会的索取上。

　　B 在休息室里许多老师昨天都同他热情地交谈了起来,使他紧张的心情放松了不少。

　　C 迎面吹来的寒风不禁使我打了个寒战,我赶紧扣上大衣扣子,快步向不远处的汽车站走去。

　　D 他如果不能实事求是,事业就会受到巨大损失,长期以来所恪守的诚信待人的美好品德也会丧失。

第二部分

第 61-70 题：选词填空。

61. 人是会思考的芦苇，也是世界上唯一会运用逻辑推理的生物。环环相扣，_____的逻辑推理，确实可以帮助我们进行正确的思考、研究和决策。在二战前著名的德国国会纵火案中，季米特洛夫的无罪辩护，就是利用自己娴熟的法律知识和_____的逻辑推理，驳倒了法西斯分子的诬陷栽赃，使法官不得不当庭宣判无罪释放。但错误的逻辑推理也常常可以使人陷入诡辩荒唐的_____。

  A 严丝合缝 漏洞百出 境地

  B 错综复杂 亡羊补牢 泥潭

  C 层层递进 自相矛盾 环境

  D 举一反三 无懈可击 泥淖

62. 迈克尔·杰克逊是流行乐坛最具影响力的音乐家之一，_____世界销量第一的专辑。他魔幻般的舞步更是让无数的明星_____。他一个人_____了世界上39个慈善救助基金会，是全世界以个人名义捐助慈善事业最多的人。

  A 拥有 效仿 支持

  B 持有 羡慕 成立

  C 制作 嫉妒 开办

  D 录制 折服 办理

63. 恪守新闻真实性，是新闻界共同的"铁律"，新闻的生命也在于此。任何细节的_____，都是新闻工作的_____，都是新闻工作者的_____。

  A 失真 失败 悲伤

  B 谬误 责任 悲惨

  C 失实 失误 耻辱

  D 失事 不幸 悲哀

64.今天没有人能够预测"互联网+"_____消费的广度和深度,就像20年前无人能够预测到互联网会与生活如此_____一样。"互联网+"时代的消费者不喜欢被动接受,更_____于选择流行、时尚、前卫的新鲜事物来_____自我魅力。

A	影响	息息相关	倾向	彰显
B	干预	环环相扣	喜欢	显示
C	产生	休戚与共	讨厌	表达
D	塑造	十全十美	倾斜	炫耀

65.书院的萌芽可以_____到汉代,与汉代的精舍、精庐有一定的_____关系。精舍与精庐是汉代聚集生徒、私家讲学之所。那时讲学皆由口授,加上_____于印刷技术,尚不_____藏书条件,不能算真正的书院。

A	追踪	相连	限制	涵养
B	追查	连续	受阻	包含
C	追溯	继承	受限	具备
D	追求	承接	限定	拥有

66.许多人善意地对某人建言,内容值得一提,但时机不对,反而造成当事人的_____与羞愤。有的人讲话内容_____,时机也对,但对象不够成熟,讲得再多也_____。对不同的对象,要能讲出_____他听的话。

A	尴尬	精辟	徒劳无益	适合
B	不齿	丰富	白费口舌	理解
C	误解	透彻	无济于事	正确
D	苦恼	复杂	枉费心机	对应

67.古代每逢战乱,手艺人都会成为战争双方争夺的_____,这是因为手艺人掌握着传统社会中最重要的技术,他们_____着当时最先进的社会生产力。如今,尽管现代科学技术_____了手工技能,成为当今时代最强大的生产力,但传统工艺完全可以借助现代科技而提升,继续_____于大众。

A 对方	拥有	代替	造福
B 源头	包括	区别	务实
C 方面	表达	离开	实际
D 对象	代表	取代	服务

68. 在一个开放竞争的市场_____中，不会有永远的垄断巨头。市场竞争永远_____，无论你是百年老店，_____在市场份额中占据绝对的优势，都不可能在竞争中_____。

A 氛围	此起彼伏	不是	屹立不倒
B 环境	危机四伏	还是	稳操胜券
C 境界	刀光剑影	就是	一劳永逸
D 边境	此消彼长	也是	坚如磐石

69. 克服"阅读危机"正确的_____不是在纸质书和电子书阅读的_____中"有你没我"，而是要创造一种全新的知识装订方式，从网上给人们提供系统性的认知。传统的阅读在这方面_____是有优势的，但电子阅读也并非无可作为，可以通过构建虚拟的阅读空间为人们提供展现的阅读体验。_____微信朋友圈和微信群就是典型的虚拟阅读空间。通过微信好友这一装订方式把人群聚焦起来形成信息交互的空间，从而_____受众的注意力。

A 方式	选择	显然	比如	吸引
B 方法	择优	明亮	如果	引导
C 模式	挑选	明显	例如	导入
D 模样	调查	显示	例子	向导

70. 有的人在填报高考志愿时选报热门专业，_____是能学以致用，这其实是一种误解。学以致用的真正_____是将学到的知识用于实践，_____看什么东西有用才决定去学。摒弃功利性能使人抱着乐观的态度去学习，认为有用才去学习会使人产生心理负担，_____总要担心以后会不会真的有用。抱着功利之心去挑选专业，往往会_____自己真正的兴趣，即使毕业后谋到了不错的职位，也不一定就工作得很开心。

A 理论	内核	而是	虽然	丢失
B 原因	涵养	就是	即使	遗弃

| C | 理由 | 含义 | 不是 | 因为 | 牺牲 |
| D | 意义 | 目的 | 也是 | 尽管 | 放弃 |

第三部分

第 71-80 题：选句填空。

71-75.

从前，(71)_____，这个盲人一直在寻找这个世界上不同的医术来医治他的双眼。

他一生出来便看不到东西，邻居见他这么不死心，见他那么辛苦的去寻找医生，却一直不见有转好的迹象，邻居都十分心疼他，觉得他是在自讨苦吃，于是，(72)_____，他跑到盲人家里，对盲人说道："我从山里的一位老人口中听说，弹琴可以治好你的眼睛，从现在开始弹琴，只要你弹断1000根弦，眼睛就会好。"盲人听他邻居的话后，就信了邻居的话，也十分感谢邻居带给他这个消息。对于盲人来说，这个消息是多么的重要啊，那简直就是天大的消息降临到他的身上。

(73)_____，于是每一天就坐在家门口，每天都在琴声的陪伴中度过，心里觉得异常开心，每天都开心的不亦乐乎。慢慢地，他的人也变得乐观起来，乐观到甚至忘记了自己是个瞎子。这世上，他懂琴声的所有，(74)_____。

当一千根弦弹断后，他的眼睛没有被治好，(75)_____，他的心灵得到了另外一种满足，就像干涸的大地得到了春雨的及时滋润。由于他心灵上得到了安抚，因此而没有再去寻找医生，因为，当他弹琴的时候，便会充满自信，对自己的生活充满乐观的态度，也意识到了自己有很多潜力，让自己从之前阴暗的状态下脱离出来，走向光明，走向希望。

虽然盲人不能感受到外面那些美丽的风景，但在他爱上弹琴后，内心已经有了世外桃源般的世界。

A 他便向盲人说了一个善意的谎言

B 但他的心灵却被治好

C 琴声也很懂他

D 盲人信以为真了

E 有一个患有先天性失明的盲人

76-80.

中国的山河可谓世人皆知，在这无数美景中，黄山以奇而著称。自古以来，素有"五岳归来不看山，黄山归来不看岳"之说。

黄山有四绝，分别是奇松、怪石、云海、温泉。黄山之美始于松，九大奇松中有的破石而出，有的抱崖而立，(76)_____，或冠盖岩首。其中以"迎客松"最为著名。它突兀于山崖之中，苍劲挺拔，郁郁葱葱，儒雅热情。两根侧枝一枝伸展，另一侧内弯，恰是一位彬彬有礼的、气度不凡的主人伸开双手做出一个"请"的动作。迎来八方客，会四海宾友。(77)_____。

黄山危峰立，怪石嶙峋，崖壁陡峭，尽显鬼斧神工之妙。有的像利剑直插山谷，有的像骆驼漫步于云海，有的似宝塔隐现在迷雾里，黄山收尽那阳刚之气，(78)_____，楚楚动人栩栩如生，让人不知不觉感叹大自然的神奇。

登上山峰，向下看去，茫茫的一片片层层叠叠的浮云像仙女洁白的纱绸，舞动于山谷之间。飘渺的浮云像仙境一般地让人如梦如幻，(79)_____。

无论是远眺奇山怪石，(80)_____，黄山总会给人一种超脱的感觉，引发人们无限的假想，来到黄山，远离城市，没有那么紧张了，整个人的身心都得到了放松，大自然的神奇魅力的景色陶冶着人们的情操，让人们在惊叹之余觉得脱胎换骨。

A 有的或侧身峭壁

B 仿佛到了仙界一般

C 又不失那阴柔之美

D 还是漫步于云海松涛

E 黄山的"迎客松"引来无数的世界游人

第四部分

第 81-100 题：请选出正确答案。

81-84.

在阿里巴巴横空出世之前很少有人知道马云，他 1984 年考上杭州师范大学，大学时代，他已经露出了<u>千里马</u>的端倪，他当上了学校的学生会主席。毕业后马云教了几年英语就成立了海博翻译社，那时收入非常低，大家都不看好。但是马云觉得只要做下去，一定会有前景的。在他的坚持和努力下海博翻译社成了浙江省最大的翻译社。

马云 1994 年涉及互联网，因为好奇，马云请别人给翻译社做了个网页，出乎意料的是在 3 个小时里竟然收到了 4 封邮件。敏锐的马云意识到：互联网必将改变世界！于是马云开始做网站，他把国内企业的资料收集起来放到网上，向全世界发布。这时刚到 30 岁的马云放弃未来将在学校拥有的优越待遇<u>下海</u>了。当时全球的发达国家的互联网也刚刚发展起来，而大部分中国人都对互联网非常陌生。有了这个好的开端，马云继而做了"中国黄页"。后来马云曾在国家经贸部的邀请下，建立了许多国家级站点。在记者采访他的时候他说："在经贸部工作之前我只是杭州的一个小商人，是那段难得的工作经历让我从宏观上考虑问题，不做井底之蛙的。"1999 年马云开始了二次创业，他决定进入电子商务领域。 1999 阿里巴巴网站横空出世，他立志要成为中小企业敲开财富之门的引路人。在电子商务这个领域里，马云充分展示了自己独特的视角和预见性。阿里巴巴如今已经成为中国最大的电子商务网站。在互联网的冲浪里，马云赢得了世界的认可，打开了财富之门。

81.第一段中的"千里马"是什么意思？

  A 长得像马   B 跑步很快的人

  C 骑马很好的人   D 才能很大的人

82.根据第一段，下列说法正确的是？

  A 马云毕业于师范大学   B 马云没有当过学生会主席

  C 马云毕业后教过数学   D 马云毕业后立刻成立了翻译社

83.根据第二段，下列说法错误的是？

  A 马云1994年涉及互联网   B 马云请别人给翻译社做了网页

  C 马云没有意识到互联网能改变世界   D 1999 年马云开始了二次创业

84.第二段中的"下海"，在本文中是什么意思？

  A 出海打渔   B 跳进海里游泳

  C 放弃原来的工作去经商和创业   D 保护海洋

85-88.

你去过青藏高原吗?在那里有一座座连绵起伏的山峰叫昆仑山。它的平均海拔在5500—6000米,山脉全长2500公里,放眼望去巍巍高山山顶终年积雪。

说到积雪我们就觉得特别寒冷,但是,火辣辣的太阳在这片土地上尽情肆虐。这里的天空无比洁净,比海还要湛蓝。高耸的山脉直冲云霄,山顶的皑皑白雪,加上平静如镜子的美丽湖畔,还有茵茵的大草原,让人感觉如神来之笔。当太阳光辉照射到山上的积雪的时候,融化的冰雪顺流而下,就汇成大大小小的江河,中国的母亲河——黄河也发源于这里。

这里矿产资源丰富。有金矿、铁矿、还有昆仑玉等。据说奥运会的金牌就是昆仑玉和黄金镶成的。这里也是野生动物的天堂。有藏羚羊、藏野驴、野牦牛、雪鸡、藏黄羊等。藏野驴的胆子很大,经常成群结队地奔跑,有时调皮地跟汽车赛跑呢!野牦牛要在比较高的山地才能见到,全身黑色,而且它的肉质细嫩,味道鲜美,是国际市场上稀有的无公害的<u>绿色食品</u>,雪鸡是高原上比较古老的动物,它并不是真正的生活在雪地上,而是不得不栖息于高山上裸露的岩石中,一般三五成群,胆小怕人,属于国家二级保护动物。

这就是青藏高原,堪称"世界屋脊"的青藏高原。

85.下列哪项描述的不是青藏高原?

  A 我们的母亲河   B 昆仑玉和黄金的产地

  C 野生动物的天堂   D "世界屋脊"

86.关于青藏高原,下列各项中不正确的是?

  A 山顶常年积雪   B 是黄河的发源地

  C 野生动物种类很多   D 没有矿产

87.与划线词语相对的词语是?

  A 黄色食品   B 健康食品

  C 红色食品   D 垃圾食品

88.上文的目的是?

  A 介绍青藏高原的景色与资源   B 呼吁大家食用无公害绿色食品

  C 介绍黄河是如何形成的   D 呼吁大家保护雪鸡等国家二级保护动物

89-92.

动物学家发现，猴子会使用不同的声音来报告各种各样的敌人的来临。如果遇见豹子，它们会发出狗一样的汪汪声；遇见老鹰，则发出一种低沉的喉音；碰上逼近的毒蛇，便会一连串地吐出急促的嘶嘶声。大雁的语言变化主要表现在音调的强弱上。当大雁群在月光下沉睡时，担任哨兵的大雁却睁大了眼睛，不时地从喉管中发出迟钝的嗒嗒声，这是告诉同伴：平安无事，安心睡吧。要是发现了敌人，哨兵便马上发出尖锐的叽叽声，唤醒群雁，时刻准备转移。

最为奇妙的是，动物也有和人类一样的方言。从事鸟类研究的专家通过观察发现：美国密执安湖畔的乌鸦无论如何也不能与意大利佛罗伦萨郊区的乌鸦通话，城市的乌鸦与农村的乌鸦相互之间也不能理解对方的语言。

掌握动物语言在领域中是十分有用的。苏联的鸟类学家在大森林中使用广播，播放表示欢迎的鸟类语言，吸引了大批的益鸟在森林中居住，有效地保护了森林资源；当成群结队的海豚在渔船周围调皮捣蛋，从而影响渔船作业时，一阵阵表示危险的嘟嘟的鱼类语言传入水中，不一会儿，捣蛋的海豚便统统逃之夭夭了。

89.最后一段中，海豚为什么"逃之夭夭"了？

A 听到了危险的鱼类语言　　　　　　B 看到有人调皮捣蛋

C 看到了渔船　　　　　　　　　　　D 知道人类很危险

90.大雁如果发现了敌人，会发出什么声音？

A 尖锐的叽叽声　　　　　　　　　　B 迟钝的嗒嗒声

C 低沉的声音　　　　　　　　　　　D 急促的嘶嘶声

91.根据上文，下列哪项不正确？

A 美国的乌鸦和意大利的乌鸦不能通话　B 动物的语言非常有意思

C 动物的语言中也有方言　　　　　　　D 掌握动物的语言没有用

92.下列哪项最适合做上文的标题？

A 人类和动物　　　　　　　　　　　B 鸟儿的声音

C 动物的语言　　　　　　　　　　　D 猴子的语言

93-96.

我们在书写汉字的时候都会<u>不假思索</u>地从左往右书写，写完一行后向下换行继续书写。但是，我们在看写对联以及读对联的时候会发现，对联的文字都是从右往左，从上到下排列的。那些古代书籍中的书写格式也大都如此，和我们平时的书写格式完全不同。由此，我们不禁心生疑问，为什么古代的汉字是竖着写的，到后来变成横着写了呢？这一变化又是从什么时候开始的呢？

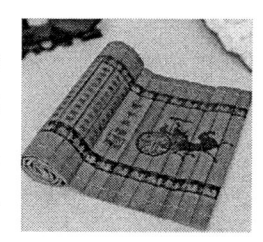

其实，古时候人们之所以会采用从上到下、从右到左的书写顺序和当时的书写工具和书写材料是有很大关系的。在纸张普及之前，人们使用的书写材料是竹简或木简，竹简或是木简是由一片一片细长的竹片或木条做成的，人们为了方便保存还会用绳子或皮条把书写好的竹简串起来，使之能够左右卷展。卷起来的竹简，有时会被存放在布袋里，也有的被直接摆放在桌案上。我们在影视作品中经常能够看到这样被卷成一卷的竹简。由于竹简是竖向的，在书写的时候也就只能够从上向下书写，而人们在把竹简串起来时，为了方便往往是用右手卷，加上对墨迹干湿的考虑，所以人们在书写时就从右边开始写，逐渐地向左换行。后来，虽然发明了纸张，摆脱了竹简的限制，但是人们的这种书写文字的方式已经成为一种习惯固定了下来，所以这种书写格式一直沿用了几百年。

直到20世纪初，在西学的影响下，1909年，中国出现了第一部横排的书籍，此后横写的格式逐渐流行，被大众肯定和接受。再后来，人们为了书写的方便，又把从右往左的书写格式变为从左往右。这样既不会遮盖前面的字，也会使得字距保持均衡。

93.第一段中的"不假思索"是一种什么状态？

　　A　反应直接、迅速　　　　　　　　B　思考很久

　　C　假装思考　　　　　　　　　　　D　犹豫不决

94.关于对联，下列说法错误的是？

　　A　对联文字是从上到下排列的　　　B　对联文字是从右往左排列的

　　C　对联文字是从左往右排列的　　　D　对联书写格式与我们平时的书写格式不同

95.关于竹简，说法错误的是？

　　A　纸张普及前，人们用竹简来书写材料　B　竹简是由一片片细长的竹片制成的

　　C　竹简可以卷起来　　　　　　　　D　竹简是横向的

96.中国在什么时候逐渐流行横写的格式？

　　A　古代　　　　　　　　　　　　　B　18世纪

　　C　20世纪初　　　　　　　　　　　D　21世纪

97-100.

正所谓"百里不同风，百里不同俗"，不同的地域有不同的风俗。北方是粗犷和野性的象征，相比之下，唯美的南方更喜欢用水作代名词。而今天，我为大家介绍的是我的家乡：浙江省桐乡市的乌镇水乡。

让我们先穿溯回古代，那时乌镇还不叫这个名字，叫乌墩。它的历史源远流长，早在新石器时代，乌镇的祖先就繁衍生息在这里。春秋时期，乌镇是吴越边界，吴国在此驻兵以防备越国。秦时，乌镇属会稽郡，后来"分而治之"，分为青墩镇和乌墩镇。到了南宋，一位叫"惇"的皇帝上位，为了避讳，改为青镇和乌镇。1950年，两镇合并，统称乌镇。

乌镇拥有悠久的历史文化，更有着不同于其他地域的独特习俗。正月十五是元宵节，大家只是吃元宵和赏花灯罢了，而乌镇人有走十桥的习俗：入夜后要三五结伴出游，途中要走十座桥，路线不可重复，妇女要把盛放一只平时煎药的瓦罐带上，与其他人结伴而行，走到桥上时把瓦罐和药渣丢入河中，认为这样可以保佑人们在新的一年里无病无灾。

乌镇的特产有很多，其中最有名的自然是乌锦。制造乌锦的是一台有近二千个部件，一百多道工序的织锦花楼机。大花楼机从绘图到成品需百余天，一天仅产5~6厘米，可谓<u>"寸金寸锦"</u>。

97.下列哪项最适合做上文的标题？

A 北方与南方的不同风俗   B 我的家乡乌镇

C 乌镇的历史   D 元宵节习俗

98.下列各项中正确的是？

A 北方是更喜欢用水作代名词   B 新石器时代没有人类

C 南方与北方的习俗相差不大   D 北方是粗旷和野性的代表

99.关于乌镇，下列各项中不正确的是？

A 古代乌镇叫乌墩   B 乌镇和其他地域不同，没有走十桥的习俗

C 1950年，青镇和乌镇合并   D 乌镇特产中最有名的是乌锦

100.最后一段中划线词语的意思是？

A 乌锦很便宜，用金子可以买到   B 乌锦很漂亮，像金子一样灿烂

C 乌锦很珍贵，多少乌锦就值多少金子   D 乌锦很有名，大家都拿金子来买

三、书写

第 101 题：缩写。

（1）仔细阅读下面这篇文章，时间为 10 分钟，阅读时不能抄写、记录。

（2）10 分钟后，监考收回阅读材料，请你将这篇文章缩写成一篇短文，时间为 35 分钟。

（3）标题自拟。只需复述文章内容，不需加入自己的观点。

（4）字数为 400 左右。

（5）请把作文直接写在答题卡上。

    我家门前有两家卖豆腐的小店。一家叫"陈记"，另一家叫"张记"。两家店是同时开张的。刚开始，"陈记"生意十分兴隆，吃豆腐的人得排队等候，来得晚就吃不上了。陈记的特点是：豆腐做得很结实，口感好，给的量特别大。相比之下，张记豆腐就不一样了，首先是豆腐做得软，软得像汤汁，不成形状；其次是给的豆腐少，加的汤多，一碗豆腐半碗多汤。因此，有一段时间，张记的门前冷冷清清。有一天早上，因为我起床晚了，只好来到张记的豆腐店。

    吃完了一碗老豆腐，老板走过来，笑着问我豆腐怎么样。我实话实说："味道还行，就是豆腐有点软。"老板笑了笑，竟有几分满意的样子。我说："你怎么不学学陈记呢？"老板看着我说："学他什么呀？"我说："把豆腐做得结实一点呀！"老板反问我："我为什么要学他呢？"沉思了一下，老板自我解释说："我知道了，你是说，来我这边吃豆腐的人少，是吗？"我点点头。老板建议我两个月以后再来，看看是不是会有变化。

    大概一个多月后，张记的门前居然真的排起了长队。我很好奇，也排队买了一碗，看看碗里的豆腐，仍然是稀稀的汤汁，和以前没什么两样，吃起来，也是从前的味道。老板脸上仍然挂着憨厚的笑，我也笑着问："能告诉我这其中的秘诀吗？"

    老板说："其实，我和陈记的老板是师兄弟。"我有些惊讶："那你们做的豆腐不一样呀？"老板说："是不一样。我师兄——陈记做的豆腐确实好，我真比不上；但我的豆腐汤是加入好几种骨头，再配上调料，再经过 12 个小时熬制而成，师兄在这方面就不如我了。"见我还有些不解，老板继续解释："这是我师傅特意传授给我们的。师傅说，生意要想长远，就必须有自己的特长。师傅还告诉我们，'吃'的生意最难做，因为众口难调，人的口味是不断变化的，即使是山珍海味，经常吃也会烦。

因此师傅传给我们不同的手艺。人们吃腻了我师兄的豆腐，就会到我这里来喝汤。时间长了，人们还会回到我师兄那里。再过一段时间，人们又会来我这里。这样，我们师兄弟的生意就能长长久久地做下去，并且互不影响。我试探地问："你难道就不想跟师兄学做豆腐么？"老板却说："师傅告诉我们，能做精一件事就不容易了。有时候，你想样样精，结果样样差。"

张记老板的这番话，除了与豆腐有关之外，与一个人的择业、一个人一辈子的坚守都有关，这是一生只做好一件事的智慧。

 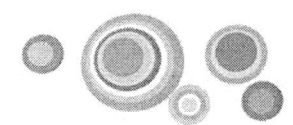

<HSK 6급 실전 모의고사 4> 본문

1.听力 듣기

第一部分 제1부분

第1到15题，请选出与所听内容一致的一项，现在开始第1题：

1. 科学研究和实验证明，看电视的时候大脑并不像想象中的那样会对电视的各种信息进行二次加工，而是非常被动地接收。有研究表明，长时间看电视会让人的智力减退，思维变得不那么灵活。所以，看电视并不会让我们的大脑更活跃，相反还会起到负面作用。

2. 为什么跳水运动员跳完之后要"淋浴"？首要原因是保持体温，运动员刚出水后会感觉有点冷。这种温差会造成肌肉紧张，一来对运动员的身体不利，二来不利于进行下一轮比赛。所以，跳水比赛的运动员在做完运动后，会马上到泳池边上的喷头下冲一冲。

3. 你不能因为一个客户想占小便宜，就制定规章约束所有的客户。你不能因为一个人不喜欢你，就把这种恨发泄出来伤害所有喜欢你的人。你不能因为一个人骗了你，就失去对所有人的信任。不能因为"一小撮"，就伤害一大群，不要放弃善良，不要放弃对世界的信任。

4. 一个富豪决定送给母亲一件生日礼物。他听说有一只小鸟能用12种语言讲话，还可以唱10首歌曲，立即决定买下这只鸟送给母亲，为此他花了50万元。在他母亲生日的第二天，他给母亲打电话："您觉得这只鸟怎么样？"他母亲愉快地回答道："味道好极了。"

5. 读书是这个世界上最占便宜的事情了，花几十元钱就能跟作者一辈子的思想做个交流。我当初就是因为买了几本书，觉得非常喜欢，于是买了一个书架。觉得书架太贵太精致了，于是买了一套房来放。

6. 一个名人在机场办登机手续时拒绝排队，工作人员提醒他，他愤怒地叫嚷："什么？我也需要排队？你知道我是谁吗？"那位聪明的女工作人员马上对周围的人说："这位先生现在不知道自己是谁了，哪位朋友能帮帮他？"结果，所有人都笑了。最后，这位名人只好乖乖地去排队。

7. 子禽问自己的老师墨子："老师，一个人说多了话有没有好处？"墨子回答：池塘里的青蛙整天整天地叫，弄得口干舌燥，却从来没有人注意它。但是雄鸡，只在天亮时叫两三声，大家听到鸡啼知道天就要亮了，于是都注意它，所以话要说在有用的地方。"

8. 1992年，新加坡颁布了进口及销售口香糖的禁令，原因是有一些人四处乱丢口香糖残渣，政府担心口香糖残渣会影响地铁和电梯的操作。这项禁令得到了广大民众的支持。禁令实施后，新加坡商店里再也见不到口香糖的踪影。

 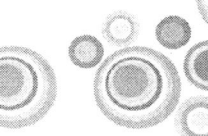

9. 金星是距离太阳第二远的行星，却比离太阳最近的水星温度还高，这是因为金星上笼罩着浓厚的二氧化碳，由此产生的温室效应强过地球好多倍，再加上金星上每时每刻的火山喷发，使得金星表面犹如人间炼狱。

10. 年轻人要多看书，书读多了，人生自然会升华，层次更高。这句话一点也不错，我一生中，一有机会就读书。但是书读多了容易成书呆子，最好的办法就是旅行了。在旅途中，我向种种人学习，不管他们的文化程度比我们高还是低，都有值得学习的地方。

11. 冯骥才曾经访问英国，当地华人前去拜访，华人一家子受到了热情接待，但是华人的孩子很调皮，穿着鞋子就跳到了沙发上，孩子的父母没注意到，冯骥才也不好直言阻拦，他微笑着对孩子的父母说："请把孩子带到地球上来。"双方会心一笑，问题解决了。

12. 季羡林曾言："假话全不讲，真话不全讲。"这是一句至理名言，人无论何时何地都不应该说半句假话，不能编造假话，而真话在某些时候可以选择不说，这是做人的基本原则，也是说话之道的重中之重。

13. 有一次，洛克菲勒到华盛顿出差，并投宿到一家饭店，他要了一间最便宜的客房。服务生问道："您儿子来时，总是选最好的房间，可您却住最便宜的，这是为什么呢？"洛克菲勒笑着说："哦！道理很简单，我儿子有福气，他有一个有钱的爸爸，而我没有啊！"

14. 如果想制造出出人意料的效果，利用梦与现实的差异是个很好的办法。2015年大热的喜剧电影《夏洛特烦恼》就是用了这样的一个手法：主人公夏洛发现他"穿越"到了二十年前的中学时代，而他并不知道自己是在梦中，梦与现实的巨大差异使得他闹出一些荒唐透顶的笑话来，等到醒来时，才发现一切只是一场梦。

15. 月球是地球的一颗卫星，我们常常叫它月亮。月球上没有空气和水，因此不会产生风、云、雨、雪等自然现象，而且气温变化剧烈，既没有大气层保暖，又没有海洋调节，所以月球上面没有生命存在。

第二部分 제2부분

第16-20题是根据下面一段采访：

女：大家欢迎歌手王力宏，非常高兴见到你，我很想知道在鸟巢办演唱会，跟在其他地方有什么不一样？

男：特别地兴奋，所有的表演者和台前幕后有三百多个人，都有明显的差异。

女：你也出了很多首歌曲，你自己觉得最用心做，花时间最长投入的心血最多的是哪一首歌？

男：有时候那种听起来越简单的越难写，比如说《一首简单的歌》

女：为什么越简单越难写？

男：是因为你没得躲，一首好歌是你所有的编曲连歌词都拿掉的时候，你吹口哨它还是动人的，所有花边的东西都没有的时候也要好听。

女：所以你给我们描述一下，写那首歌的时候的状态是怎么样？

男：啊，很头疼、很痛苦！它就是，你睡觉都在梦它，随时都在想它，有没有一个音要改，或者是有没有一个更好的一个主歌，更好的一个前奏，这些东西。

女：有没有一些特别的事情发生，给你一种灵感的？

男：我记得《一首简单的歌》的歌词，是在洗澡的时候想出来的。

女：你对自己个人的生活一直是比较低调的，不过在不久前也宣布了自己的结婚喜事，做这个决定和宣布之前有没有犹豫过？

男：非常的矛盾！从以前我就跟粉丝们说，如果我谈恋爱，我不会公开的，我的私底下生活都一直低调，但是如果我有一天结婚，我就是会告诉大家。

女：但是其实你的事业还在继续下去，所以公众对于你个人生活的好奇也还会继续下去。你的原则是什么？

男：我的原则是，越来越投入作品，我希望在作品中投入我的时间。

女：如果说当年是在美国社区里一个亚洲人，后来又觉得是回到了亚洲的一个美国人，那你现在怎么界定自己的身份和你的音乐的特色呢？

男：现在就是自己了，就不会像小时候一直寻求认同感，或者是我到底是归成哪一种人呢？我觉得现在在音乐的世界里成长，就真的能够找到自己。

16. 男士现在在哪里办演唱会？
17. 男士认为什么样的歌最难写？
18. 《一首简单的歌》的歌词是在什么时候出现灵感的？
19. 写《一首简单的歌》时，男士是什么状态？
20. 关于男士，下列哪项说法正确？

第21-25题是根据下面一段采访：

男：欢迎本期嘉宾赵薇。听说你当初拿到《亲爱的》剧本的时候，对接受李红琴这样一个角色是有所犹豫的，给我们讲讲当时的情况？

女：我非常希望能够跟陈可辛导演有一次合作的机会，那我没想到他给的人物跟故事距离我那么遥远，其实是怕自己做不到，

男：那自己做了母亲以后，去演这样一个母亲的角色，会多了一重的体会吗？

女：我觉得会变得没那么难。有过这种体验以后，你就发现它是一种自然流露，它也不是一种刻意地需要表现出来自己多么伟大。

男：其实今天人们在银幕上看到的赵薇，作为一个耀眼的大明星，你对于自己的这种职业的前途的规划和定位，你觉得是什么时候才逐渐清晰起来的？

女：我觉得应该是我决定去回到学校的那个阶段。因为我能做出这样子的一个选择，其实某种角度我对自己还是有要求的。

男：你拍摄《致青春》过程当中，最长的连续工作时间是多长？那处于一种什么样的状态呢？

女：三十个小时吧。三十个小时里面我大概睡了有一两个小时，实在是抗不住了。

男：当这个时间已经过去了几年之后，你再回头看当年自己的选择，自己的这种工作的状态，你会有一种什么新的感受呢？

女：我觉得我用指导一部电影的时间，至少得到了三部电影的经验，就是我没走捷径，用了一个很笨的方法在拍，这个办法就是让自己的经验变得更多。

男：除了电影，你自己在人生的规划上会有什么新的想法吗？对于你来说电影是饭吗，不吃不行吗？

女：电影对我来说现在是饭，不吃不行，而且我真的是觉得，其实我离开现在做的事情，回到生活当中，我一点都不优秀，这让我很挫败。

男：其实是无数次选择，才形成你的一个轨迹的，所以其实你回头一看，这些年你没有改变的是什么？

女：我对于自己觉得喜欢的事情，尤其是对的事情，我还是很踏实的一个人，虽然我演的出名的那个角色是最浮躁的一个角色，但是我还是应该感谢，其实我觉得我的内心就是没有那么浮躁。

21. 女士拿到哪个剧本时对角色很犹豫？
22. 女士对职业前途的规划定位是什么时候清晰起来的？
23. 《亲爱的》是哪个导演的作品？
24. 女士拍摄《致青春》时最长工作时间是多久？
25. 关于女士，下列哪项说法正确？

第26-30题是根据下面一段采访：

女：欢迎小米科技的董事长雷军，首先恭喜你啊，小米在淘宝"双十一"的表现很惊人啊。

男：其实小米目前的销售模式，就是每星期开放一次，就是每周星期二中午12点，开始开放销售，我们都是每个星期卖三四十万台手机，这样的销售对我们来说，是很寻常的。

女：您创办的第一家公司是什么呢？

男：我参与创办的第一家公司是金山软件，这个是1988年创办的。

女：您曾说，要用互联网思维来做手机，那么究竟什么是互联网思维呢？

男：我将其总结为七个字：极致、专注、口碑、快。极致这个事情呢，大家听起来很容易，其实做起来很难。首先，什么东西叫极致？我们讨论到后来，就讲，极致就是要把自己逼疯，到你自己都疯狂了，我觉得这是极致的境界。

女：因为互联网行业毕竟是一个不断持续的竞争的过程。你在心理上做了什么样的准备？你的团队做了一些什么样的准备？

男：我觉得互联网公司，就是用百米的方式来跑长跑的，这就是互联网公司的制胜之道。

女：你在创办小米时，一开始非常不希望让人家知道是雷军在干这件事儿？

男：是的，那是我们小米在创办的时候是很高的机密。我们小米呢，是创办了一年半以后，雷军才站到台前来。

女：要等它真正在市场上得到检验或者是获得成功，这个中间有没有让你感到焦虑、不安甚至是不自信的时候？

男：我开始做手机的时候呢，我觉得我面临了巨大的压力是什么呢，是没有一个人相信我能够把手机做成。他们就觉得你以前干软件、互联网、电子商务都行，但是你没干过手机硬件，凭什么你行呢？然后我去找每一个供应商，反正大部分供应商都不相信我们，我们都是一趟一趟的拜访。

女：您说开始时大家是一种看笑话的心态，去看待？

男：对，我们某个创业企业遇到困难，不很正常吗，创业期绝大部分会失败的，雷军投的公司就算败光了，只要有一家成功了，他就是一个伟大的投资人。

26. 男士是哪个公司的董事长？
27. 小米公司的销售模式是什么样的？
28. 男士什么时候创办的第一家公司？
29. 以下哪项不是男士总结的互联网思维？
30. 关于男士，下列说法哪项正确？

第三部分 제 3 부분

第31到50题，请选出正确答案。现在开始第31到34题：

第31到34题是根据下面一段话：

达尔文从小生活条件优越，可是学习成绩平平，这使得他丧偶的父亲痛苦不已。"你除了打猎枪、玩狗、捉老鼠，什么都不挂在心上。你会给你自己和整个家族丢脸的。"他父亲有一次曾经这样说道。凡是回顾达尔文幼年生活的时候，几乎总是要引用他父亲的这句话。

尽管达尔文感兴趣的是博物学，可是在父亲的坚持下，他还是勉强到爱丁堡大学学医。然而，他一见到血就犯晕，一见到病人痛苦就神经高度紧张。有一次，他亲眼目睹了一个小孩的手术，小孩声嘶力竭的惨状——那时还未发明麻醉药——给他的精神造成了永远也无法抹去的创痛。他试着转学法律，但很快发现这门学科极其枯燥，实在令他难以忍受。最后，他并不十分顺利地从剑桥大学获得了一个神学学位。

乡村牧师的生涯似乎正在前面等着他,就在这时,一个更具诱惑力的机会不期而至。海军探测船"贝格尔号"船长罗伯特·菲茨罗伊邀请达尔文一同去远航——菲茨罗伊的身份决定了他得跟有教养的人交往——实际上是作为船长的餐桌伙伴同行。菲茨罗伊十分古怪,他挑选达尔文是因为他喜欢达尔文的鼻子的形状(他认为这是有个性的体现)。达尔文并不是菲茨罗伊的首选,但最终还是得到他的认可,因为更中意的人选跑掉了。两个人最显著的共同点莫过于他们都非常年轻。在他们出发时,菲茨罗伊年仅23岁,达尔文只有22岁。

31. 达尔文的儿时生活是什么样的?
32. 达尔文为什么去爱丁堡大学学医?
33. 达尔文从剑桥大学获得了什么学位?
34. 菲茨罗伊为什么挑选达尔文?

第35到37题是根据下面一段话:

说到"闭门羹"一词,最早出自唐末五代小说家冯贽的《云仙杂记》。

据说,在唐代宣城有一位名叫史凤的奇女子,不仅容貌秀丽,而且琴、棋、书、画无一不通,以至于很多年轻的男子都慕名前来拜访,想要一睹芳容。可是,史凤是一个有格调、有要求的女子,并非什么人都可以见到她。在会客之前,她常常会要求客人先献上一首诗,只有看中诗文才会与客人相见。但若是来访的客人不会作诗或是诗文不佳,她就会让人在门口用一碗羹招待他们,从而婉言表达拒绝之意。

就这样,时间一长,来访的客人一看到放在门前的羹就心领神会,主动离去,所以人们就把这碗羹称为"闭门羹"。后来,"闭门羹"也从实实在在的食物变成了拒绝的代名词。现在,我们若是在拜访他人的时候遭到了拒绝,就会说自己吃了"闭门羹"。

35. 关于《云仙杂记》,说法正确的是哪项?
36. 关于史凤,可以知道什么?
37. 在现代,闭门羹表示什么意思?

第38到40题是根据下面一段话:

一个男孩进了一家理发店,理发师对一个顾客说:"这是我见过的最傻的孩子,让我来证明给你看。"理发师双手分别拿着1元和5分,问男孩:"你想要哪一个?"男孩拿了5分之后走了。"我怎么跟你说的?"理发师说,"这家伙一直就这么傻!"稍后,顾客离开理发店,他看到男孩从冰激凌店出来,于是问他:"为什么你选择5分而不是1元呢?"男孩舔了一下冰激凌之后说道:"因为如果我拿了1元的话,游戏就结束了!"

38. 理发师为什么说男孩是最傻的孩子?
39. 男孩拿了理发师多少钱?
40. 男孩拿钱去做了什么?

第41到44题是根据下面一段话:

蒲松龄是清代著名文学家，他的作品《聊斋志异》堪称中国古典文言短篇小说的巅峰。蒲松龄从小聪慧敏捷，才华横溢，擅长诗文。但他多次参加科举考试，却屡试不中，生活极其艰难。中年以后，他为生活所迫，做了教书先生。由于当年的私塾一般是在冬季和春季的农闲时节开学，在农忙的夏秋季节则无书可教，为了维持生计，蒲松龄便在村里一棵老槐树下摆了个茶摊，以卖茶度日。摆茶摊以后，他发现来喝茶的人在闲聊时，都会说很多有意思的故事和传闻，便把这些故事和传闻全部记录下来，作为创作的素材。后来，为了搜集到更多的故事素材，他干脆挂了个招牌，声明只要在喝茶时讲个故事或一件奇闻异事，就不收取茶钱。此后，他听到的故事就越来越多。白天他将这些故事都记录下来，到了晚上再整理、加工。经过将近20年的努力，蒲松龄终于完成了这部流传后世的文言短篇小说集——《聊斋志异》。

41. 关于《聊斋志异》说法正确的是？
42. 蒲松龄中年以后做过什么？
43. 喝茶的人怎么做才能不交茶钱？
44. 关于蒲松龄，可以知道什么？

第45到48题是根据下面一段话：

某售楼小姐带一对老夫妻去看一幢老房子。走进院子时，细心的售楼小姐注意到老太太很兴奋地对老先生说："你看那棵樱桃树多漂亮啊！"老先生则示意她"闭嘴"。

正所谓"褒贬是买主"，刚走进客厅，老夫妻就开始抱怨客厅的地板太陈旧，售楼小姐赶紧对他们说："是啊，这间客厅的地板是有些陈旧，但这幢房子的最大优点，就是当你从这间客厅向窗外望去时，可以看到那棵非常漂亮的樱桃树"；来到厨房，老夫妻又开始抱怨厨房设备太陈旧，售楼小姐又说："是啊，但是当你在做晚餐的时候，从厨房向窗外望去，可以看到那棵美丽的樱桃树"……就这样，无论老夫妻说那套房子哪儿不好，售楼小姐始终都是说："是啊，这幢房子是有许多缺点，但它有一个优点是其他房子所没有的，那就是您从任何一个房间的窗户向外望去，都可以看到那棵非常漂亮的樱桃树。"

结果在售楼小姐不断强调下，这对老夫妻所有的注意力都集中在那棵漂亮的樱桃树上，最后这对夫妻花了200万元买了那棵"樱桃树"。很明显，这个故事强调的是观察能力。都说"好人出在嘴上，好马出在腿上"，其实嘴巴不过是个发声工具而已，嘴巴怎么说，说得怎么样，完全取决于一个人的大脑是否强大。而强大的大脑，首先得益于一双锐利的眼睛，毕竟人类有90%的信息是通过眼睛观察得来的。从这一点上来看，眼力其实决定了口才。

45. 这对老夫妻去干什么了？
46. 关于樱桃树，下列哪项说法正确？
47. 关于售楼小姐，我们能知道什么？
48. 从本文中能学到什么？

第49到50题是根据下面一段话：

我常说，遥远的人生之中，不应该只做一件工作，这不单是指电影导演，而是任何行业都一样，大家在本行之外培养个兴趣，研究兴趣并成为专家，发展成另一番事业。人有了多种职业和兴趣，看起事件来比较立体，不像只懂得一行的人，死钻牛角尖，常做错误的决定。在本身的工作不景气的时候，便转入副业，休息一阵子，看准时机，再回到自己喜爱的工作的怀抱，也不迟呀。

49. 只懂得一行的人有什么特点？
50. 作者的观点是什么？

‹HSK 6급 실전 모의고사 4› 답안

一、听力

第一部分 답안

1. B	2. C	3. D	4. A	5. A
6. B	7. A	8. A	9. B	10. B
11. D	12. A	13. C	14. A	15. D

第二部分 답안

16. A	17. A	18. C	19. C	20. C
21. C	22. D	23. C	24. C	25. A
26. B	27. A	28. B	29. D	30. A

第三部分 답안

31. B	32. C	33. D	34. B	35. B
36. A	37. B	38. C	39. A	40. A
41. C	42. D	43. B	44. A	45. D
46. A	47. B	48. D	49. B	50. D

二、阅读

第一部分 답안

| 51. A | 52. C | 53. B | 54. D | 55. A |
| 56. B | 57. C | 58. D | 59. C | 60. B |

第二部分 답안

| 61. D | 62. A | 63. C | 64. A | 65. C |
| 66. A | 67. D | 68. B | 69. A | 70. C |

第三部分 답안

| 71. E | 72. A | 73. D | 74. C | 75. B |
| 76. A | 77. E | 78. C | 79. B | 80. D |

第四部分 답안

81. D	82. A	83. C	84. C	85. A
86. D	87. D	88. A	89. A	90. A
91. D	92. C	93. A	94. C	95. D
96. C	97. B	98. D	99. B	100. C

新汉语水平考试

HSK （六级）5

注　意

一、HSK （六级）分三部分：

1. 听力（50 题，约 35 分钟）

2. 阅读（50 题，50 分钟）

3. 书写（1 题，45 分钟）

二、听力结束后，有 5 分钟填写答题卡。

三、全部考试约 140 分钟（含考生填写个人信息时间 5 分钟）。

一、听力

第一部分

第 1-15 题：请选出与所听内容一致的一项。

1. A 原子构成一切
   B 空气不是原子
   C 原子少量存在
   D 桌子不是原子

2. A 人不应该请求别人帮助
   B 帮助别人是理所应当的
   C 人们应该乐于助人
   D 请求帮助时起初不要提出高要求

3. A 举右手的招手猫是招客的
   B 招手猫在日本家庭式铺子常看到
   C 招手猫可以乱放
   D 金色的招手猫是招福气的

4. A "人靠衣装马靠鞍"不是中国谚语
   B 仪表着装影响别人对自己的印象
   C 做不同的事可以是一样的着装
   D 女士更注重仪表着装

5. A 网络剧根本不火
   B 《万万没想到》是网剧
   C 网剧不接地气
   D 王大锤是一个消极悲观的人

6. A 郭德纲是相声演员
   B 郭德纲从不与观众互动
   C 郭德纲的相声不受欢迎
   D 郭德纲给观众送礼物

7. A 我大学毕业来这家公司面试
   B 我的薪水超级高
   C 我在公司工作五年了
   D 我现在四十岁

8. A 人生最重要的事是金钱
   B 我很少看钟看表
   C 准时的美德是母亲教我的
   D 我在钟表上花了无数的钱

9. A 儿子很愿意去学校
   B 儿子很受学校孩子的喜爱
   C 儿子是学校校长
   D 儿子是学校学生

10. A 所有运动员身材都好看
    B 不同项目对运动员体型要求不同
    C 马拉松运动员需要胸肌发达
    D 对运动员体型的训练是审美需要

11. A 这个哥们儿特大方
    B 朋友去串门时他正在吃药
    C 外面的天气很热
    D 他为吃剩下的感冒药而洗冷水澡

12. A 北极星在天空正北
    B 找到了北极星也找不到北方
    C 海上航行的人不靠北极星辨方向
    D 从北半球看,北极星位置总是变化

13. A 黄西不是亚洲人
    B 黄西的笑话来自于中美差异
    C 黄西的笑话与他多年的经历无关
    D 黄西不是喜剧明星

14. A 王建国昨天和朋友去餐厅用餐
    B 餐厅的菜很好吃
    C 餐厅经理到路对面餐厅吃饭
    D 餐厅里没有服务生

15. A 吃饭在中国不算大事
    B 中国人很会做饭
    C 中国人不爱吃饭
    D 中国人每天做的第一件事是吃

第二部分

第 16-30 题：请选出正确答案。

16. A 100 部
    B 140 部
    C 150 部
    D 200 部

17. A 1990 年
    B 1995 年
    C 2000 年
    D 2005 年

18. A 姜文
    B 冯小刚
    C 杜琪峰
    D 张艺谋

19. A 张家辉
    B 古天乐
    C 任达华
    D 梁朝伟

20. A 他从未得过奖
    B 他想演相声演员
    C 他没有出演《盲探》
    D 他介意与梁朝伟比较

21. A 篮球
    B 排球
    C 网球
    D 羽毛球

22. A 葛菲
    B 谢杏芳
    C 李雪芮
    D 王仪涵

23. A 25 岁
    B 27 岁
    C 28 岁
    D 29 岁

24. A 1990 年
    B 1991 年
    C 1992 年
    D 1993 年

25. A 她五场比赛都打得很轻松
    B 她在这次领奖时用力亲了金牌
    C 她没有在国家队呆过
    D 她在 1996 年第一次打尤伯杯

26. A 10岁

　　B 15岁

　　C 18岁

　　D 25岁

27. A 5岁

　　B 7岁

　　C 10岁

　　D 12岁

28. A 他的爸爸

　　B 他的妈妈

　　C 他的姐姐

　　D 他的爷爷

29. A 一个月

　　B 三个月

　　C 半年

　　D 九个月

30. A 他在2000年比赛时想过拿冠军

　　B 他在20多天的比赛中吃得很好

　　C 他觉得自己童年没什么缺憾

　　D 他儿时不恨钢琴练习

第 31-50 题：请选出正确答案。

31. A 油条是圆形的
    B 油条是三角形的
    C 油条是中空的
    D 油条是红色的

32. A 是秦桧发明的油条
    B 与秦桧夫妇有关
    C 油条是用桧树做的
    D 秦桧爱吃油条

33. A 他是唐朝人
    B 他爱做油条
    C 他害死了岳飞
    D 他非常爱国

34. A 油条口感油腻
    B 油条价格很高
    C 油条的历史很短
    D 油条是油炸食品

35. A 北极
    B 南极
    C 海洋馆
    D 动物园

36. A 1 只
    B 3 只
    C 99 只
    D 100 只

37. A 豆豆经常打别人
    B 豆豆搬走了
    C 采访的第一只企鹅叫豆豆
    D 豆豆经常被打

38. A 小丽没有睡好觉
    B 小丽有头疼的毛病
    C 小丽花园的警示木牌没有作用
    D 小丽的花园太漂亮了

39. A 花园是小丽私人的
    B 花园很破败
    C 没有游人去花园
    D 花园里不能钓鱼

40. A 管家喜欢小丽
    B 管家不喜欢花园
    C 管家要辞职
    D 管家解决了花园的问题

41. A 很有深度
    B 连续播放时间短
    C 从不讲述家庭和爱情
    D 虚构的

42. A 松下公司
    B 联想公司
    C 宝洁公司
    D 苹果公司

43. A 官员
    B 儿童
    C 家庭妇女
    D 公司职员

44. A 是关于肥皂的故事
    B 节目播放期间插播肥皂广告
    C 看剧的人不用肥皂
    D 是关于宝洁公司的电视剧

45. A 喝水时一定把杯里的水喝完
    B 桌子上要一直摆个空杯
    C 要递给别人空的杯子
    D 用全新面貌来对待新事物

46. A 他没去过北京大学
    B 他去过美国南部的农村
    C 他请假期间从不打电话
    D 他从来没有请过假

47. A 农场干活
    B 饭店洗涮
    C 铲草坪
    D 以上都是

48. A 人要多喝水
    B 人不能总请假
    C 人必须要当上校长
    D 人要及时给生活归零

49. A 浅水区域没有光线
    B 浅水区域没有热量
    C 大多数水生动物喜欢待在这个区域
    D 浅水区域没有有机物质

50. A 澳大利亚没有海岸线
    B 澳大利亚的人不吃海鲜
    C 澳大利亚排在捕鱼国家的前10位
    D 澳大利亚是海鲜净进口国

二、阅读

第一部分

第 51-60 题：请选出有语病的一项。

51. A 他在英语国家工作两年，进一步提高了英语交际能力，他还参加过相关机构组织的日语培训，掌握了日语的基础应用。

    B 她对公益活动很有热情，并将这份热情带去了她所从事的产品策划和品牌推广工作中去，为公司树立良好的社会形象做出了贡献。

    C 百年来，中华书局一直以传承文明为己任，本着守正出新的原则，整理出版了大批古籍，也推出了许多高水平的学术新著。

    D 由于大型历史话剧《武则天》定于5月1日在北京的首都剧场上演，日前演员们正投入紧张的排练之中。

52. A 广州白云国际机场 T2 航站楼已经全面启用，这是建设广州国际航空港的一项重大举措。

    B 北京四合院处于皇城天子脚下，受到等级制度的严格约束，在某些方面难免会用千篇一律，显得呆板而缺乏创意。

    C 虽然大家都知道幸福的生活离不开物质基础，课也没有一个人不认为，幸福并不完全由物质条件决定。

    D 一个人如果要开创自己的光明前程，关键就是在于持之以恒的努力和付出才能够实现。

53. A 次贷危机引发的全球性金融危机带来的影响还在持续，随着经济全球化的日益深化，如何缓解就业压力已成为世界各国最大的难题。

    B 以"和谐之旅"命名的北京奥运火炬全球传递活动，激发了我国各族人民的爱国热情，也引起了世界各国人民的高度关注。

    C 在学校教师资源不足的情况下，他主动挑起了为请假的老师代课的任务，获得了大家的一致好评。

D 社区服务中心为孩子们准备了跳绳、羽毛球、足球、篮球等19项体育活动，并将20万元活动经费发放到各社区。

54. A 根据意大利法律规定，贝卢斯科尼在总理任期内不能担任俱乐部主席，否则他就有可能做有违公众利益的事。

B 近视患者都应当接受专业医师的检查，选择合适的眼镜，切忌不要因为怕麻烦、爱漂亮而不戴眼镜。

C 教育在综合国力的形成中处于基础地位，国力的强弱越来越多地取决于劳动者素质的高低，取决于各类人才培养的质量与数量。

D 中国皮影戏的艺术魅力曾经征服了无数热爱它的人们，它的传播对中国近代电影艺术也有着不可忽视的启示作用。

55. A 推行有偿使用塑料袋，主要是通过经济手段培养人们尽量减少使用塑料袋的习惯，这无疑会对减少白色污染、净化环境产生积极作用。

B 今年5月在北京举行的大学生文艺汇演，展现了新时代大学生的多才多艺与创造活力，具有民族特色的各类歌舞表现了民族团结和热情奔放。

C 我们一定能在奥运之际展现出古老文明大国的风范，那时不仅我们的城市会变得更加美丽，每一个人也会更讲文明。

D 一名韩国官员透露，有关成员国已达成一致意见，同意建立该项基金，以防止1997年那样的金融危机再发生。

56. A 他潜心研究，反复试验，终于成功开发了具有预防及治疗胃肠病功能的药粥系列产品。

B 现代文明不仅带来了理性化、工业化、市场化、都市化、民主化和法制化这样美好的社会制度，而且创造了前所未有的物质财富。

C 奥运圣火登顶珠峰的瞬间，无论是参与登顶的勇士，还是全世界观看这一壮举的人们，毫无例外地感受到了心灵的震撼。

D 有关部门对极少数不尊重环卫工人劳动、无理取闹、甚至殴打侮辱环卫工人的事件，及时进行了严肃处理。

57. A 我们家乡美丽而富饶，这里土地肥沃，特别适宜种果树、棉花、甘蔗，此外，还适宜栽种菊花和海棠花。

B 开展批评和自我批评是端正党风、增强党的凝聚力的一种行之有效的方法。

C 据悉，一种新型的袖珍电脑将亮相本届科博会，它采用语言输入、太阳能供电，具体高雅、时尚、方便、环保的功能和作用。

D 中国第一个计算机集成制造系统工程研究中心建成后，国内外同行对其先进的功能大加赞赏，先后有二万三千多人前来参观。

58. A 本书首次将各民族文化广泛写入中国文通史，但就其章节设置、解释深度等方面依然有很大的改进空间。

B 他们在遇到困难的时候，并没有消沉，而是从大家的信赖和关怀中得到了力量，树立了克服困难的信心。

C 为了全面推广利用菜籽饼或棉籽饼喂猪的经验，加速发展养猪事业，这个县举办了三期饲养员技术培训班。

D 现在，我又看到了那阔别多年的乡亲，那我从小就住惯了的山区所特有的石头和茅草搭成的小屋，那崎岖的街道，那熟悉的可爱的田野。

59. A 如果我们能够看准时机，把握机会，那么今天所投资百万元带来的效益，恐怕是五年后投资千万元也比不上的。

B 我们也学小孩子一样，掐了一把花，直到花和叶全焉了，才带着抱歉的心情，把它们丢到山涧里，随水漂走了。

C 到目前为止，人还不能完全控制自然灾害，农业收成的好坏，在很大程度上还是由自然条件的好坏决定的。

D 把事件的结局先写出来，然后再按时间顺序叙述事件发生、发展经过的写法叫倒叙。

60. A 今年五一节前夕，发改委发出紧急通知，禁止空调厂商和经销商不得以价格战的手段进行不正当竞争。

B 据报道，某市场被发现存在销售假冒伪劣产品，伪造质检报告书，管理部门将对此开展专项检查行动，进一步规范经营行为。

C 随着个人计算机的广泛应用，互联网以不可阻挡之势在全世界范围内掀起了影响社会不同领域、不同层次的变革浪潮。

D 打车软件为乘客和司机搭建起沟通平台，方便了市民打车，但出租车无论是否使用打车软件，均应遵守运营规则，这才能维护相关各方的合法权益和合理要求。

第二部分

第 61-70 题：选词填空。

61. 毫无疑问，在今日武断批判中医的人中，不乏以"科学"代言人自居者，将各种自己不懂的知识系统一棍子打死，归入_____。这种态度不能不使人怀疑其言论与知识的讨论无关，另有用意。不过，在_____这种学霸的同时，我们也不必非要陷入相反的_____。

    A 邪说   防御   境地

    B 异端   抗拒   泥淖

    C 异己   攻击   沼泽

    D 邪恶   抵抗   困境

62. 当今时代，经济和文化相互融合，已经_____。一个地方一定要发展有文化内涵的经济，要_____经济发展的质量和品格，必须重视文化、重视创意，_____在产业链条分工上只能处在下游，永远没有主导权和发言权。

    A 不可分割   升高   不然

    B 密不可分   提升   否则

    C 密不透风   加强   结果

    D 百密一疏   强化   所以

63. 我们进行了合理的分工，_____建立了岗位责任制。由于岗位责任制政策的吸引，_____收费惊人，许多厂商_____趋之若鹜。

    A 从而   不管   虽然

    B 从此   也许   但是

    C 进而   尽管   依然

    D 进入   因为   所以

64. 很长一段时间整个中国互联网界都对Twitter所代表的博客持_____态度，除了担心监控系统的执行效率_____外，更_____在于，大家认为Twitter这种即时群体书写平台除了一定的社会关系网络价值外，短期内并不能带来实际的商业_____收益。

A	观望	问题	关键	运营
B	观察	问好	主要	运用
C	否定	提问	需要	运动
D	肯定	问号	重要	运行

65. "九·一八"事变之后，为避劫难，国民政府决定将文物南迁。一批有爱国之心的文物工作者承接了这项_____的文物大迁徙工程。1939年2月，他们将部分"国宝"_____于贵州安顺严华洞，虽然贵州曾遭敌机轰炸，所幸文物安然无恙。一位当事人说："事后回想，心有余悸。_____，在万里辗转中，我们一行人的脊梁_____愈挺愈直了！"

A	绝无仅有	埋藏	因为	或许
B	接连不断	掩埋	即使	大概
C	前所未闻	收藏	如果	的确
D	史无前例	藏匿	不过	确实

66. 国际金融实践领域出现的新情况，_____了人们对国际金融理论与政策变革的需求，随着国际金融危机的全面_____，各国之间经济金融政策相互协调的重要性再次_____，学术界和政府部门对各国政策协调配合的_____也更为激烈。

A	刺痛	展开	浮现	谈判
B	强化	绽放	出现	判决
C	刺激	爆发	彰显	讨论
D	激化	泄露	明晰	争吵

67. 战争文化研究_____了多种学科、多种理论和多种研究方法来解释战争与社会文化之间的互动关系，远比运用单一学科解释要_____得多，可以修正过去一些错误或存在_____的观点，也可以对历史进行另外一种_____的解释或观察。

A	运用	合理	偏差	角度
B	使用	感性	分歧	视角
C	套用	深刻	误会	人称

| D | 利用 | 主观 | 误差 | 世界 |

68.很多人被金钱统治，不管钱少_____钱多，都没有真正的幸福。是幸福，而非金钱，_____才是人们真正关心的问题。既然人被金钱统治总是不幸福的，那么，_____能不被金钱统治，而成为金钱的好管家，金钱就能够帮助人们_____幸福。

A	而且	确实	与其	获取
B	还是	其实	如果	获得
C	并且	终究	假如	取胜
D	无论	最后	假设	收获

69.现代语言学自开创至今，虽然只有不足100年的时间，但它的发展却出人意料地_____。以汉语为例，随着社会的发展，科技的进步，以及新生事物的层出不穷，近年来，"新词酷词"正以每年1000个，_____更大的速度在增长。此后，便是一些违规短语和句子的组合、搭配，以及貌似东拼西凑的篇章构成等等的出现。对此，社会上，特别是语言学界，也_____一些中小学的语文教师都有不尽相同甚至截然相反的议论。但是，无论学界如何看，人们，特别是年轻人，对这些所谓"新词酷词"和新的语法构成却_____，而且还_____了不少网络的、数字的语言。

A	迅猛	甚至	包括	情有独钟	创造
B	猛烈	至于	扩大	一心一意	创立
C	激烈	已经	扩展	一往情深	发明
D	快速	经常	包含	非同寻常	创新

70.中山装的灵感来自于西服，功能又多于西服，魅力也强于西服。其衣服外的四个口袋_____"四维"，即礼、义、廉、耻；衣领为翻领封闭式，_____严谨的治国理念；衣袋上面弧形中间突出的袋盖，笔山形代表重视知识分子；背部不缝缝，表示国家和平统一之大义。新中国的_____领袖穿中山装参加共和国庆典，用意深远，既有不忘革命_____继承革命先烈之志，又有开拓创新_____伟大民族复兴之宏愿。

| A | 意味 | 请示 | 历史 | 统领 | 现实 |
| B | 表达 | 展望 | 过往 | 传达 | 现在 |

| C | 展现 | 表现 | 曾经 | 传送 | 实际 |
| D | 代表 | 表示 | 历代 | 传统 | 实现 |

第三部分

第 71-80 题：选句填空。

71-75.

人类的烦恼根源，不是做人，(71)_____。自会说话开始，便有大人问："(72)_____？"从那一刻起，小孩子便以为人必须要成为另一种东西。再加上自小学起，作文题目必定有："我的志愿"——我要做医生，我要做律师，我要做护士，我要做总统……一出生的训练，并非自自然然地做个人，而是做另一种有目标的生物。踏进社会后，(73)_____，成为医生的，想做最好的医生；成为商人的，要赚比别人更多的钱；连本来养性怡情摇摇笔杆的，都心里紧张焦躁，为什么某某比我出名？为什么某某的书销量比我好？

不禁叹句：人啊人，你到底还想变成什么呢？老虎只做老虎，猪只做猪，鸟儿只做鸟儿，所有的生物都在做自己，(74)_____。想成为什么而成为不了，便烦恼失望。

原始人大概不会失眠，原始嘛！狼也不会忧心，更不会想及好坏，天天问自己："(75)_____？"人类怎么看狼，老虎怎么看狼，它才不理呢！动物吃饱了肚子便悠然自得，想睡便睡去。人几时才会做人？

A 你长大后希望做什么啊

B 而是"我想变成什么"

C 我是只好狼还是坏狼

D 人与人之间的比较更多了

E 只有人类不做自己

76-80.

客家土楼是世界上独一无二的神话般的山村民居建筑，(76)_____，它以历史悠久、风格独特、规模宏大、结构精巧等特点独立于世界民居建筑艺术之林。

土楼大多为方形或圆形，(77)_____，全县有圆楼360座，方楼4000余座。尤以奇特的圆形土楼最富于客家传统色彩。圆形土楼是客家民居的典范，堪称天下第一楼。

这种圆楼都由二、三圈组成，由内到外，环环相套，外圈高十余米，四层，有一、二百个房间，一层是厨房和餐厅，二层是仓库，三、四层是卧室；二圈两层有三五十个房间，一般是客房，中一间是祖堂，是居住在楼内的几百人婚、丧、喜、庆的公共场所。楼内还有水井、浴室、磨房等设施。土楼采用当地生土夯筑，(78)_____，墙的基础宽达三米，底层墙厚1.5米，向上依次缩小，顶层墙厚也不小于0.9米。然后沿圆形外墙用木板分隔成众多的房间，其内侧为走廊。

土楼除具有防卫御敌的奇特作用外，(79)_____。由于土墙厚度大，隔热保温，冬暖夏凉。

(80)_____，土楼格局的恢宏，令人为之肃然起敬。客家的民俗更令人陶醉，客家人世代相传，朝夕相处，团结友爱，和睦共居的大家族的独特的生活方式，淳朴敦厚，和善好客，刻苦耐劳的民风；传统文化的可见、可触、可感更吸引众多的游客的莫大兴趣。

A 主要分布在永定

B 还具有防震、防火、防盗以及通风采光好等特点

C 客家土楼闪烁客家人的智慧

D 不需钢筋水泥

E 是中国古建筑的一朵奇葩

第四部分

第 81-100 题：请选出正确答案。

81-84.

中国人的身份证号的每个数字和符号都是有明确意义的。目前，中国的身份证号码共有18位。按照从左到右的顺序，前6位被称为"地址码"，也就是常住户口所在的市、区、旗、县等行政区划的代码。接下来，在6位地址码之后就是8位"出生日期码"，表示持有人的出生年、月、日。这之后的是3位"顺序码"，顾名思义是为前14位编码都相同的人编定的顺序号。一般来说，奇数会分配给男性，而偶数则分配给女性。这前面17位统称为"本体码"，记录了持有人的个人信息。

而最后一位号码被称为"校验码"。校验码是根据校验共识，由本体码决定的，是为了验证录入或转录过程的准确性。具体的校验公式是：按照从右到左的顺序，先对前17位"本体码"进行乘积求和，乘积的方法是右边的第一位乘以2，接着每向左一位就多乘以一个2，在得到求和结果后除以11得到余数，最后用1或12减去这个余数就是最后一位校验码。

但是，当用1或12减去这个余数后得数是10的时候，就会用罗马数字X来表示。所以，如果某人的尾号根据校验公式计算出来的结果是0~9，就不会出现X。可如果尾号计算出的结果是10，那么就会用X来代替，因为如果用10做尾号，此人的身份证号就变成了19位，就违反了国家标准。这就是为什么有的人的身份证号最后一位是X。

81. 根据第一段，下列说法正确的是？

    A 中国人身份证号的数字和符号无意义   B 中国的身份证号码多于18位

    C 身份证号前17位统称为"本体码"   D 身份证号里没有"地址码"

82. 中国人身份证号前17位从左到右的正确顺序是什么？

    A 地址码、顺序码、出生日期码   B 出生日期码、地址码、顺序码

    C 地址码、出生日期码、顺序码   D 顺序码、出生日期码、地址码

83. 关于"校验码"，说法错误的是？

    A 是身份证号的最后一位数字   B 是为了验证录入或转录过程的准确性

    C "校验码"可以是两位数   D "校验码"会出现X

84. 本文主要谈的是什么？

    A 怎么办理身份证   B 身份证号的具体意义

    C 身份证遗失怎么办   D 身份证的用途

85-88.

我们应该不会对厨师感到陌生，生活中我们总会或多或少地见到厨师。而厨师给人们留下最深刻印象的，或者说是最有标签意义的，莫过于厨师头上那顶高高的白帽子了。虽然每个厨师工作时穿的工作服各有不同，但是那顶帽子却都是一样的。

那么，厨师为什么要戴白色的高帽呢？这顶帽子有什么特殊含义呢？原来，厨师在头上戴白色的高帽是出于卫生的考虑，是为了在进行操作的时候防止头发或头屑不小心掉到食物里去。但需要注意的是，最先戴上这种白色高帽的厨师并不仅仅是为了卫生，否则随便一项简单的帽子就可以了，又何必要弄这么高呢？事实上，白色高帽对于厨师而言是身份和职位的标志，是一种象征符号。具体来说，厨师头上的白色高帽并不会采用同一个高度，而是有高有低，而帽子的高矮就是用来分辨厨师技术级别高低的重要标志之一。

通常厨师帽还可以分为厨师长帽、厨师帽、厨工帽三大类。而且，帽子上帽褶的多少也是有讲究的，要与帽子的高矮成比例。也就是说，总厨或大厨会戴厨师长帽，一般高约29.5厘米，帽褶会比较多；厨师帽外形与厨师长帽一致，只是高度要低一些，大约有25厘米，帽褶也相对较少；厨工帽则更低，帽褶也更少，是厨房小工戴的帽子。所以，我们通过厨师的白色高帽就可以大致判断一个厨师的级别、地位和技艺。

85. 厨师给人们留下最深刻的印象是什么？

　　A　美味的菜肴　　　　　　　　　　B　熟练的刀法

　　C　高超的厨艺　　　　　　　　　　D　高高的白帽

86. 以下哪项是厨师戴白色高帽的原因？

　　A　保持食物的卫生　　　　　　　　B　戴上帽子更帅气

　　C　戴上帽子饭菜做得更快　　　　　D　戴上帽子显个子高

87. 关于厨师帽，下列说法错误的是？

　　A　可分为厨师长帽、厨师帽、厨工帽三大类　　B　帽子上的帽褶也有讲究

　　C　厨师的白色高帽可大致判断厨师级别　　　　D　通过厨师帽看不出来厨师的技艺

88. 本文主要介绍的是什么？

　　A　厨师的选拔　　　　　　　　　　B　厨师的白色高帽

　　C　厨师的技能　　　　　　　　　　D　厨师的薪资

89-92.

窑洞，是中国北方黄土高原上特有的民居形式，中华民族的祖先就是在窑洞中生存、繁衍和壮大起来的。陕北住窑洞是当地的环境和条件所决定的。千年的战乱，除了黄帝陵周围满山苍松翠柏，其他地方难得看到成片的林木，盖房的木料很缺乏，加之陕北气候寒冷，风沙又大，一般砖木结构难以抗寒。而黄土高原土层厚实，粘性大，无杂质，只要肯花力气，掏好的窑洞是很好的栖身之所，除了门窗用一点木料，壁柜、锅台等等因地制宜，就地掏挖而成。

窑洞内外温差是两个世界，夏天里面好像开了冷气，冬天感到暖洋洋的。窑洞又很安全，盗贼难以打洞进来，又不会起火。窑洞基本分两类：土窑和石窑。土窑沿着土坡向里挖，地形合适，一排可以挖好几孔，父母、子女、家畜各得其窑，外面围一段短墙，就成了一个小院。

窑洞的结构比较简单，正面是门窗。以前都是纸糊的窗棂，现在也<u>兴</u>铝合金推拉窗了。火炉和炕是相连通的，两者是窑内的特有设置。煤炉烧陕北人叫做钢炭的块煤，火力很大，整天都有热开水。炕面用薄石板或土坯铺设，下面的火道呈蚊香形盘旋通过，再经窑壁通向窑顶的烟囱。炉子烧着，炕和墙总是温温的，被窝总是暖热的。所以客人一来，就请上炕暖和暖和。但是火力过大了，石板发烫，容易烤坏被褥。有经验的人外出时，在炕皮和芦席间常插进一根木棍把芦席抬起一点。窑内还可以向一边打一孔套窑，只开窗，没有门，扩大居住面积，提高私密性。窑和窑的隔墙厚度至少一米，很坚固。

89. 以下哪项与上文不符？

　　A 窑洞内外温差相差不大　　　　　B 窑洞是中国北方黄土高原上特有的
　　C 黄土高原土层厚实，粘性大，无杂质　D 窑洞冬暖夏凉，而且很安全

90. 以下关于窑洞结构的说法错误的是？

　　A 火炉和炕是窑内的特有设置　　　B 炕面用薄石板或土坯铺设
　　C 结构非常复杂　　　　　　　　　D 只开窗，没有门，所以扩大了居住面积

91. 倒数第一段划线字"兴"的意思是？

　　A 抵制　　　　　　　　　　　　　B 讨厌
　　C 流行　　　　　　　　　　　　　D 淘汰

92. 上文主要介绍了什么？

　　A 窑洞的具体知识　　　　　　　　B 民居的历史发展
　　C 陕北人民的生活　　　　　　　　D 黄土高原的自然气候

93-96.

20世纪70年代，一位澳大利亚科学家研究了植物对气候环境的反应，发现在严重干旱时期，植物会发出一些奇特的声音。通过进一步的测量和收集数据，他发现声音的源头在植物体内的输水管上，植物在缺水的情况下会发生微小的震动。而且发现，植物缺水时发出的响声大小和缺水程度是有相关性的，缺水越严重，发出的响声越大。

随着研究的进一步深入，科学家发现植物的语言非常奇特且魅力十足，它们所发出的声音往往会随着外界环境的变化而变化。有些植物若长时间处于黑暗之中，一旦受到强光的照射，会发出较高音调的声音，如同人受到惊吓一般；有些植物在遭遇强风或者缺水时，发出的声音是低音调的，如同人承受到很大的痛苦一般；有些植物在经历生长环境变化后声音会产生较大的差异，比如突然有舒适的阳光照射在身上或者在缺水的状态下突然被浇灌，声音会从刺耳变得很悦耳，这便是它们表达愉悦的一种方式。

科学家对不同种类的植物声音进行研究后发现，物种间的声音也会有所差别。

植物的语言本质上来说是对外界环境变化做出的反应，就像人类感情中的喜怒哀乐。通过植物的这一特性，人们便可知晓植物在生长过程中的变化和需求，从而进行<u>针对性</u>照顾，有效地提升它们的生命力。

93. 第一段的主要内容是？

    A 植物是有语言的 B 植物都会缺水

    C 植物也是生命 D 一位澳大利亚科学家的研究发现

94. 关于植物的声音，下列哪项是错误的？

    A 植物的声音会随着外界环境而变化 B 人们可以通过植物的语言来照顾植物

    C 植物的语言本质上来说是一种反应 D 植物缺水时的响声大小和缺水程度无关

95. 下列哪项最适合做上文的标题？

    A 植物对水的需求 B 如何照顾植物

    C 植物的语言 D 植物的地域分布

96. 与最后一段划线词语意义相同的词语是？

    A 特定的 B 无差别

    C 无微不至的 D 统一

97-100.

身处爱情中的男女难免会发生争风吃醋的情况，此时不管言语还是举止，都会与往常有很大的不同，表现出嫉妒的特点。那么，到底什么是"吃醋"呢？为什么嫉妒的情绪会和醋联系在一起？"吃醋"这个词又是怎么产生的呢？

醋原本是我们日常生活中常会用到的一种调料，人们常说的"吃醋""醋坛子""争风吃醋"却似乎和醋本身没有多大的关系，而是指含有妒忌、猜忌等不高兴的情绪，多用于男女感情方面。但追本溯源，"吃醋"说法的产生还要从食醋说起。

据说，唐太宗李世民为了笼络人心，打算赏赐给宰相房玄龄几名美女作为侍妾，可房玄龄却怎么也不敢接受。究其原因，唐太宗才知道原来他的正房妻室是个得理不饶人的悍妇，平时把房玄龄管得很严，嫉妒心也比较重，对于娶妾一事坚决不同意。唐太宗为了解决这个难题，就想到了一个办法来考验和试探她。一天，唐太宗命人赏赐给了房夫人一壶"毒酒"，并宣旨：为大选侍妾本是出于一番美意，若是执意要阻拦，就只能在毒酒和美妾之间二选一。谁料，房夫人听后面不改色，拒不应允的态度丝毫没有改变，拿过"毒酒"一饮而尽。当然，房夫人并没有被毒死，因为酒壶里面装的并不是毒酒，而是一壶醋。唐太宗看到房夫人的态度如此坚定，赏赐侍妾一事也就作罢了。

就这样，"吃醋"的故事广为流传，人们把嫉妒和眼红别人戏称为"吃醋"。

97. 根据第一段可知身处爱情中的男女：

　　A 从不恶语相向　　　　　　　　　B 从不一起吃饭

　　C 难免会有争风吃醋的情况　　　　D 从不打骂对方

98. 关于"吃醋"，下列哪项说法错误？

　　A "吃醋"是含有妒忌的情绪　　　　B "吃醋"是令人开心的情绪

　　C "吃醋"多用于男女感情方面　　　D "吃醋"说法的产生要从食醋说起

99. 关于唐太宗，下列哪项说法正确？

　　A 唐太宗很喜欢喝醋　　　　　　　B 唐太宗打算赏赐给房玄龄几名美女侍妾

　　C 唐太宗真的杀死了房玄龄的正房夫人　D 唐太宗最后还是成功赏赐了侍妾

100. 本文主要讲了什么？

　　A 食醋的用途　　　　　　　　　　B "吃醋"的好处

　　C "吃醋"的危害　　　　　　　　　D "吃醋"说法的产生

三、书写

第 101 题：缩写。

（1）仔细阅读下面这篇文章，时间为 10 分钟，阅读时不能抄写、记录。

（2）10 分钟后，监考收回阅读材料，请你将这篇文章缩写成一篇短文，时间为 35 分钟。

（3）标题自拟。只需复述文章内容，不需加入自己的观点。

（4）字数为 400 左右。

（5）请把作文直接写在答题卡上。

有家影视公司的老板看中一位身着廉价衣服、素面朝天的女孩，这位女孩来自一个农民家庭。她从没看过时尚杂志，也没化过妆，要与她谈论衣着品位等话题，简直是对牛弹琴。其实这些都不算什么，她最与众不同的地方是她左脸颊处有一块黑色胎记。可公司的老板偏偏要与这个带着乡村气息的女孩签约，希望能把她包装成一名模特。

然而，即便老板一次次向商家推荐女孩，但每次都碰壁而归，有的商家说她不够高贵，有的说她气质不佳，有的说她不符合产品定位……其实真正的原因就是她脸颊的黑色胎记。老板仍不放弃，他要把女孩及胎记一并销售出去。他给女生做了一张合成照片，小心翼翼地把那块胎记隐藏在阴影里，然后拿着这张照片给经纪公司看，对方果然满意，马上要见本人。结果女孩一来，对方发现"货不对版"，便当即指着女孩的胎记说："你把这块胎记弄掉再来吧！"

其实这块胎记可以通过一个小手术解决掉，无痛且省时，女孩却不同意，她反问对方："我为什么要弄掉？"对于女孩的坚持，老板也很赞同，他坚定地对女孩说："你是对的，以后你出了名，全世界就靠这块胎记来记住你。"果然，两年后，这个女孩在模特界已小有名气，走秀邀请、广告合同都纷至沓来。她的黑色胎记也被大家视为个性的象征。

曾有记者让女孩讲述自己的星路历程，女孩说了这样一段话："我很庆幸自己遇上一位慧眼识珠的老板，不然今天顶多也就是一个庸俗的美人，拍几次廉价的广告，而后淹没在繁花似锦的美女阵营里面，难有出头之日。"

女孩的成功在于她始终坚持自我，没有随波逐流，没有任人摆布。可见，她深知套用、效仿一个不适合自己的模式难以获取成功，同时也难以让自己的心灵得到解放和慰藉。

要活着就要活得像自己。如果一个人活着却忘了本，那么他不过是一副丢了灵魂的躯壳。在这个世界上，没有原则，没有追求，没有立场，甚至连最基本的性格都没有的人，只能沦为

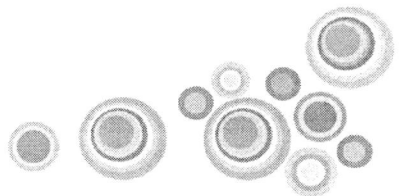

受人摆布的傀儡。可以说，人只有保持自我本色，坚持自我个性，并在顺其自然中充分发展自己才是最明智的选择。

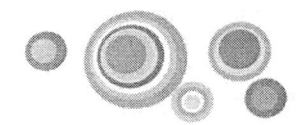

<HSK 6급 실전 모의고사 5> 본문

1.听力 듣기

第一部分 제1부분

第1到15题，请选出与所听内容一致的一项，现在开始第1题：

1. 某位物理学家说过，要是你不得不把科学史压缩成一句重要的话，它就是："一切东西都是由原子构成的。"哪里都有原子，原子构成一切。你环顾四周，全是原子。不但桌子、沙发这样的固体是原子，中间的空气也是原子。原子大量存在，多得简直无法想象。

2. 我们在请求别人帮助时，如果一开始就提出较高的要求，很容易遭到拒绝；而如果我们先提出较低要求，别人同意后再增加要求的分量，则更容易达到目标，这种现象被心理学家称为"门槛效应"。

3. 在日本家庭式铺子里看到的招手猫，现在外国人已拿它来装饰，但对它的认识还是不深。我们翻译成"招财猫"，其实只对了一半，举起右手的，才是招财；举起左手的，应该叫"招客猫"。白色的招手猫，是招福气的；黑色的防病痛；金色的招运。而且招手猫不能乱放。

4. 中国有古老的谚语："人靠衣妆马靠鞍"，在现代社会交往过程中，一个人的仪表与着装是否得体，往往决定着别人对你印象的好坏。着装是一门学问，做不同的事、见不同的人、说不同的话都要有不同的着装。

5. 网络剧为什么那么火？有人分析就是因为接地气。以《万万没想到》为例，里面的主角王大锤虽然常常遭遇匪夷所思的事情，但是王大锤的角色塑造的就是一个拥有失意人生的人，被老板拖欠工资，很倒霉，但是他从不放弃，永远乐观，这就是很多大众的人生写照，让人看了很有亲切之感。

6. 郭德纲的相声极其受欢迎，他每次登台，都有很多个观众送礼物，郭德纲既要照顾观众的情绪，又要保持相声进度，所以会跟观众调侃一番。比如，有观众送礼物，郭德纲会说："来就来嘛，还带礼物，你们买门票已经很贵了……"话锋一转："还有送的吗？"

7. 我大学刚毕业来这家公司面试的时候，老板语重心长地对我说："虽然薪水不多，但是你可以在这里获得快速的成长，这对年轻人来说是最重要的。"现在，两年过去了，老板没有骗我，我看起来已经像是四十岁的人了。

8. 时间，对我来讲，是人生最重要的事，也很少有人像我这样不停地看钟看表。人的一生之中最多只能迟到三次，约了而我没出现，对方一定很倒霉。准时，是家父教我的美德，并且遵守至今。我在钟表上花的钱无数，这种工具是我最不惜工本的，见到就买。

9. 早上，母亲摇醒儿子："儿子快起来，该去学校了！"儿子说："妈，我不想去。"妈妈说："给我两个你不去的理由。"儿子答："一是那里的孩子不喜欢我，二是老师们也不喜欢我。"妈妈说："那不能成为你不去学校的理由。"儿子说："那您也给我两个应该去的理由。"妈妈说："第一，你已经五十五岁了；第二，你是学校的校长。"

10. 很多运动员的身材并不是很好看。为什么呢？这是由不同的运动项目对运动员体型的要求决定的。每个运动项目对体型的要求都有所不同。比如，马拉松运动员就不需要发达的胸肌。所以，对运动员体型的训练是根据项目需要，而不是审美需要，这就导致很多运动员身材不好看。

11. 有一个哥们儿，特抠门，家里什么东西都舍不得扔。一天，朋友去他家串门，他正在洗冷水澡。朋友问："哥啊，你咋了？这么冷的天，家里又不是没有燃气，你怎么用冷水洗澡啊！"这哥们儿说："家里还剩下两包感冒药，再不吃就过期了。"

12. 北极星是在天空正北方的一颗亮星，如果你找到了北极星，也就找到了北方。北极星差不多正对着地轴，从地球北半球上看，它的位置几乎不变，因此不论是在海上航行的人，还是外出探险旅行的人，都靠它来辨别方向。

13. 2009黄西成为第一个在莱特曼秀表演脱口秀的亚洲人。CBS的这个号称美国深夜节目收视之冠的秀，成就了黄西，使他一跃成为全美炙手可热的喜剧新星。黄西的幽默笑话多来自于中美差异，他有很多关于华人、美国人、移民等问题的笑话，这都来自于他多年的经历。

14. 我有个朋友叫王建国，昨天他一个人到餐厅用餐，结果菜令他很不满意。他对服务生说：'你们的菜怎么这么难吃啊！把你们经理叫来。'服务生：'对不起！我们经理到路对面餐厅吃午饭到现在还没回来！'"

15. 事实上吃饭在中国，从来就是头等大事。既是政府的头等大事，也是民众的头等大事。中国人见面的第一句话，往往就是："吃了没有？"；而中国人每天要做的第一件事，也往往就是吃，或为吃做准备。所谓"开门七件事：柴米油盐酱醋茶"，哪一件不是吃？

第二部分 제2부분

第16-20题是根据下面一段采访：

女：欢迎刘德华Andy！Andy非常感谢你能够接受我的访问。我觉得很有意思，Andy你拍过140部电影，得过那么多奖，演过那么多角色，有什么角色，你没有演过呢？还有什么角色会对你有挑战呢？

男：我一直跟杜琪峰说，我很想演个盲人，现在演过了。那我现在还想演一个相声演员。

女：为什么要演一个相声演员？

男：我觉得他们的故事很特别。

女：你说你2000年得到了一个重生，之前和之后最大的不同是什么呢？

男：我懂得怎么样在电影里面生活，以前不会，以前就为了自己。

女：你刚才说到杜琪峰，这让我想到，好像过去看到，你曾经讲过跟他之间有一些冲突。比如说：他在拍《暗战》的时候，他就很讨厌你一直是一个刘德华的样子。对不对？所以他那个时候怎么跟你说的。

男：我们拍了第三集的《天若有情》然后我跟他一起在长春拍。那三个月我们在长春的时候，大家都过得非常好。而且真的了解到对方对电影的那种付出。他就想了一个故事《暗战》然后跟我说，我想拍你。我说，好。导演就坐在那想了很久，我要这样拍一个角色吗？我要改变刘德华，跨那么大步吗？所以他先停下来，然后我去拍另一部戏。因为他在电影里面还是要兼顾到你社会上面的那个责任。所以他就调回一点点，就变成他有一个双重的性格。

女：所以那个时候，他又希望你还是能够做回一部分刘德华。

男：对。他说，你可以慢慢变成另外一个人，但是你不能跨那么大。这个是跟人的接受程度会有冲突。现在我在《盲探》里面，你就会发现完全不是刘德华，完全是另外一个。他说现在大家可以接受了。

女：但是你会不会介意大家把你跟梁朝伟演的另一位盲人拿来比较？

男：我不介意、无所谓了，也比了三十几年了。

女：但是要演出自己的特色。你觉得最大的区别在什么地方？同样是演盲人。

男：以前所有的人去演一个盲人，他会在镜头前面尽他的能力先告诉你，他看不到东西，但是如果你真的是盲人，你所有行为是，尽最大的力量告诉所有人，你能看到。

16. 男士拍过多少部电影？

17. 男士在哪一年得到了重生？

18. 《暗战》是哪个导演拍摄的？

19. 男士演盲人时，大家会把他与哪位演员作比较？

20. 关于男士，下列哪项说法正确？

第21-25题是根据下面一段采访：

男：张宁首先祝贺你，获得羽毛球锦标赛的冠军，最后的三场比赛我看你打得都不是很轻松。你觉得最艰难的是哪一场？

女：其实不应该说最后三场，应该说这五场我都不轻松，特别第一场是最难过的，因为每一次比赛的开头最难，每次跟对手交手都比较艰难。她冲击我的那种力量可能会比平时公开赛还要足。

男：那么最后一场打谢杏芳，你们俩最后一局，也是二十一比十八，非常非常接近，我想问

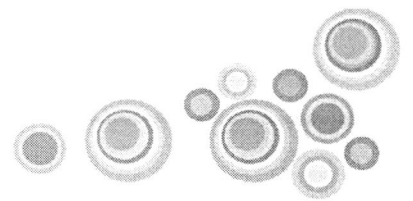

一下你们俩都住奥运村同一个宿舍，第二天要决赛了，头一天俩人晚上彼此还说话吗？

女：虽然是明天比赛的对手，但生活当中我们都是一样正常的，只是一到场上那就不管谁了。

男：站在领奖台上的时候，你很用劲地亲了亲自己那块金牌。我想问你，亲这块金牌和你在雅典得的那块金牌的时候，感受有什么不一样？

女：其实第一块也很不容易，因为那个时候29岁，对于羽毛球运动员来说也算是高龄。

男：你1991年就进国家队，到今年已经很久了。在国家羽毛球队里有人待过这么长时间吗？

女：没有，有人可能打球都没有打过这么长时间。

男：是什么让你待了这么久？你都把自己叫成老妖精了。

女：我就赖着羽毛球队不走了。其实来刚开始我成绩一点都不好，1994年的时候，第一次打尤伯杯。那个时候说心里话不是很成熟，但是教练觉得我能胜任吧，结果我让教练失望了。就跟尤伯杯失之交臂了。

男：你马上就要退役了，已经递交退役报告了吗？

女：还没有呢，只是口头上这么说说，等到这次比赛结束以后吧。

男：你对自己的未来怎么规划的？留下来当教练？

女：暂时还是给自己还放放假，我想调养一下身体，毕竟这四年当中身体上的伤害挺大的，再有就是，我还是离不开羽毛球，虽然在最后的期间给了我很多的痛苦，但是羽毛球还是给了我很多的快乐，我毕竟在国家队生活了很久。最美好的时候都留在了这个羽毛球队，对它有着不一样的感情，除了这份感情以外，我还希望把我两届奥运会的经验和这么多年的训练积累传授给下一代。

21. 女士是什么项目的运动员？
22. 女士最后一场比赛的对手是谁？
23. 女士多少岁时获得雅典奥运会的金牌？
24. 女士哪一年进的国家队？
25. 关于女士，下列哪项说法正确？

第26-30题是根据下面一段采访：

女：李云迪你好！非常感谢你能接受我们的访问啊！

男：杨澜你好！大家好！

女：2000年你去参加肖邦钢琴比赛的时候，这个金奖已经空了15年了。当然它是5年一次吧，所以也就是三届没人得啊。当时你18岁，好像评委对你的评价是，不拘泥于别人对于肖邦的理解，而且你给了他一种你自己的理解。

男：我觉得这也是因为中国文化背景给了我帮助。

女：为什么会这么讲呢？

男：不光是我觉得，像傅聪也讲过，就是中国人的性格和各方面是最接近肖邦的本质的。因为我觉得中国人是很浪漫的，感情很丰富。

女：你当时想过拿第一名吗？

男：没有想过。蛮放松的，我老师也没有给我压力。觉得反正18岁嘛，去学习学习。然后，5年以后，不就又是下一届了吗，那一届再去也没有关系啊。

女：好像那几天都没有怎么吃东西是吗？

男：比赛20多天几乎都没有吃好。因为有的时候正是吃饭时间你需要练习。因为像琴房这种练习的地方都是大会组委会安排的，你的时间是由他们定的。有的时候吃饭时间是给你排的练习时间，你必须要去练，过了这个时间你就不能练了。

女：你7岁就开始学钢琴了，你妈妈放弃工作完全来陪你，你觉得有压力吗？觉得你的童年有缺憾吗？感觉每一个音乐家的童年几乎都是有缺憾的。

男：目前想来还算好，没有什么缺憾。我妈妈至少没有那么残酷，我和同学去春游这些活动都能参加。像我小的时候大概就是家长叫我要求我做什么，我就尽量服从吧。

女：那你儿时有没有恨过钢琴啊？

男：当时其实还没有恨钢琴，可能自己也真是蛮喜欢的。但是恨呢也是恨这个钢琴练习，觉得没有时间去玩了。

女：你现在全年有一半的时间都是在各地演奏，对不对？安排得蛮紧的啊？

男：对，所以说我各方面也还是有压力的，就是自己要不断地进取、要速度很快地去吸收新的东西。

26. 男士2000年参加肖邦钢琴比赛时是多少岁？
27. 男士几岁开始学钢琴？
28. 学琴时，是谁放弃工作来陪男士？
29. 男士现在每年有多少时间在外地演奏？
30. 关于男士，下列说法哪项正确？

第三部分 제3부분

第31到50题，请选出正确答案。现在开始第31到34题：

第31到34题是根据下面一段话：

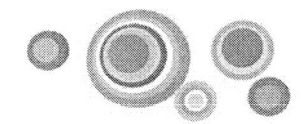

油条是很多人都喜欢的早餐，也是一种历史较为悠久的面食，呈长条形，中空，由两根缠绕着组成，口感酥脆有韧劲，油而不腻。可是，你知道油条到底是怎么来的吗？它最早又是因为谁流行开来的呢？

据说，油条又称为"油炸桧"，与南宋时期的秦桧夫妇有很大的关系。当时，秦桧与老婆王氏因为妒忌和贪婪，卖国通敌，设下毒计，把精忠报国的岳飞害死在了风波亭。而听说岳飞被害的消息后，百姓们都义愤填膺、怒不可遏。

当时，有两个在临安风波亭附近卖早点的摊贩，为了表达自己心中的激愤，便各自抓起一个面团，分别捏成秦桧和王氏的面人，绞在一起放进油锅里面炸，并称之为"油炸桧"或"油炸鬼"，引来众人围观。

后来，人们为了发泄心中的愤恨，争相效仿。由于油条吃起来口感确实不错，价格也便宜，所以吃的人越来越多。从此，各地的早点摊上也都出现了油条这一油炸食品。

31. 关于油条的外形，下列哪项说法正确？
32. 油条为什么称为"油炸桧"？
33. 关于秦桧，可以知道什么？
34. 关于油条，可以知道什么？

第35到37题是根据下面一段话：

有个记者去南极采访一群企鹅，他问第一只企鹅："你每天都干什么？"企鹅说："吃饭，睡觉，打豆豆！"接着又问第二只企鹅，第二只企鹅说："吃饭，睡觉，打豆豆！"记者带着困惑问其他的企鹅，答案都一样，就这样一直问了99只企鹅。当走到第100只小企鹅旁边时，记者问它："你每天都做些什么啊？"那只小企鹅回答："吃饭，睡觉。"记者惊奇地又问："你怎么不打豆豆？"小企鹅撇着嘴巴，瞪了记者一眼说："我就是豆豆！"

35. 记者去哪里采访的企鹅？
36. 记者采访了多少只企鹅？
37. 关于豆豆，可以知道什么？

第38到40题是根据下面一段话：

小丽有一个美丽的私人花园，她很喜欢这个美丽的花园，更在周末开放花园让游人也进来参观，在里面可以采摘果子、钓鱼等等，但是有很多游人在里面乱跑，不在小径上走路，反倒踩在新鲜的草皮上，弄得一片狼藉。她让人竖起多个木牌，上面写道："禁止踩踏草坪、禁止进入树林深处。"但是一点作用都没有，小丽很是头疼。

她的管家想了一个好主意，撤掉了原来的木牌，重新树立了木牌，写着："若在花园中被毒蛇咬伤，最近的医院距此15公里，驾车半小时即可到达。"她的草坪从此安然生长，再也没人敢越"雷池"半步。

38. 小丽为什么头疼？
39. 关于花园，可以知道什么？

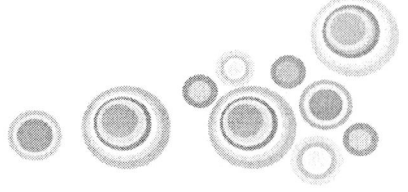

40. 关于管家，下列哪项说法正确？

第41到44题是根据下面一段话：

　　肥皂剧又称"泡沫剧"，通常指连续播放很长时间的、虚构的电视剧，没有深度，只求一笑。肥皂剧经常为多集连续播出，因此又称系列电视连续剧，因最初播放期间经常夹杂肥皂广告，所以被成为肥皂剧。现多指以家庭生活和爱情为主的电视剧。

　　肥皂剧的出现和兴起与宝洁公司有关。1920年，美国的经济比较萧条，不要说妇女，就连很多男人也失业在家。广播电视却趁这个时机发展起来，因为人们有大量的空闲时间来听广播和看电视。美国一家广播公司开发了一档适合家庭妇女收听的节目，而宝洁公司成为这档节目最主要的赞助商，这档节目播送期间，就插播宝洁公司的肥皂广告，后来电视台也大量播放同一类型和风格的连续剧，而且连续剧越拍越长，无聊、拖沓，广告仍是以宝洁公司的肥皂为主。久而久之，人们就把这样的节目叫作肥皂剧。这些连续剧大都是在工作日的白天时段播出的，观众一般是家庭妇女。

41. 肥皂剧是什么样的电视剧？
42. 肥皂剧的出现和兴起与谁有关？
43. 肥皂剧的观众一般都是谁？
44. 肥皂剧为什么叫这个名字？

第45到48题是根据下面一段话：

　　一只盛满了水的杯子，只能把水倒出却不能收纳。想要学到更多的东西，必须要把杯子里面的水倒掉一些。而空杯心态，在心理学上意味着要怀着否定过去的心态，让自己重新融入新环境中来，用全新的面貌来对待新事物。

　　哈佛大学的校长到北京大学访问的时候，讲过一段亲身经历。有一年，他向学校请了三个月的假，并告诉家人，不要问自己去哪里，而他每个星期都会打电话报平安。他一个人去了美国南部的农村，开始了一种全新的生活。每天主要的事情就是到农场去干活，到饭店去洗涮，或者去铲草坪。在干活的时候偷一会懒，或者和别人说个笑话，都让他感觉到身心愉悦。

　　最有意思的是，后来他到一家餐厅找工作，老板让他刷盘子。校长干了四个小时后，老板把他叫到办公室，告诉他他刷盘子的速度太慢了，他被解雇了。结账后他就走了，这段经历也使他感到快乐。

　　随后这位被解雇的老头又回到了哈佛，他发现工作环境有许多新鲜有趣的事情，工作变成了一种享受。经过那三个月的"出走"，他重新审视了自己的生活，让自己的生活回到了原始状态，这段经历自然地清除了他内心积攒多年的废品。及时给生活归零，扫除污染，我们就能转换思维，以全新的眼光来看待周围的世界了。

45. 什么是空杯心态？
46. 关于哈佛大学校长，可以知道什么？
47. 哈佛大学校长请假的三个月里都做过什么？
48. 这篇文章想告诉我们什么？

第 49 到 50 题是根据下面一段话：

海洋被认为天生很富饶。大多数的水生动物喜欢待在浅水里，那里有热量，有光线，还有丰富的有机物质来培育食物链。比如，珊瑚礁占了远不足海洋空间的1%，但那里是大约25%海洋鱼类的家园。

在别处，海洋根本没有那么富庶。以澳大利亚为例，这个国家拥有3.2万多公里长的海岸线和2300万平方公里以上的领海，有着比任何别的国家更多的拍击海岸的海浪，然而，它在捕鱼国家中还排不到前50位。实际上，澳大利亚是个海鲜的净进口国。这是因为澳大利亚的很大一部分水域，就像澳大利亚本身的很大部分一样，都是荒漠。由于土壤贫瘠，它的径流里实际上不含任何营养。

49. 关于海洋中的浅水区域，下列哪项说法正确？
50. 关于澳大利亚，可以知道什么？

<HSK 6급 실전 모의고사 5> 답안

一、听力

第一部分 답안

1. A	2. D	3. B	4. B	5. B
6. A	7. A	8. D	9. C	10. B
11. D	12. A	13. B	14. C	15. D

第二部分 답안

16. B	17. C	18. C	19. D	20. B
21. D	22. B	23. D	24. B	25. B
26. C	27. B	28. B	29. C	30. C

第三部分 답안

31. C	32. B	33. C	34. D	35. B
36. D	37. D	38. C	39. A	40. D
41. D	42. C	43. C	44. B	45. D
46. B	47. D	48. D	49. C	50. D

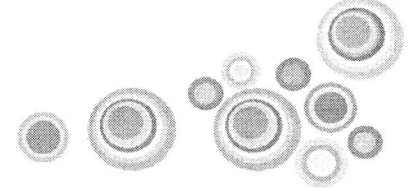

二、阅读

第一部分 답안

51. D	52. D	53. C	54. B	55. B
56. B	57. C	58. A	59. A	60. C

第二部分 답안

61. B	62. B	63. C	64. A	65. D
66. C	67. A	68. B	69. A	70. D

第三部分 답안

71. B	72. A	73. D	74. E	75. C
76. E	77. A	78. D	79. B	80. C

第四部分 답안

81. C	82. C	83. C	84. B	85. D
86. A	87. D	88. B	89. A	90. C
91. C	92. A	93. D	94. D	95. C
96. A	97. C	98. B	99. B	100. D